하나님 나라와
이혼한 복음

하나님 나라와 이혼한 복음

초판 1쇄 인쇄일 2022년 08월 22일
초판 1쇄 발행일 2022년 09월 02일

지은이 권오묵
펴낸이 양옥매
교   정 조준경

펴낸곳 도서출판 책과나무
출판등록 제2012-000376
주소 서울특별시 마포구 방울내로 79 이노빌딩 302호
대표전화 02.372.1537 **팩스** 02.372.1538
이메일 booknamu2007@naver.com
홈페이지 www.booknamu.com
ISBN 979-11-6752-186-6 (03230)

하나님 나라 목회를 위하여

하나님 나라와
이혼한 복음

권오묵 지음

책과나무

◆

세계 교회와 한국 교회를 일깨우는 경종

'좋은 글'은 글을 쓰는 사람의 기교가 아니라, 사상과 열정을 결합한 영혼의 표현입니다. 본서는 권오묵 목사님의 삶과 영혼, 신앙과 목회, 교회와 선교의 꿈을 담은 영혼의 합창곡입니다. 더욱이 21세기 지구촌을 비출 '태양'으로 비유한 '불맨(W. Buhlmann)'의 제3교회, 남미 교회를 향한 그의 열정은 침체의 늪을 헤매는 세계 교회와 한국 교회를 일깨우는 경종으로 들려왔습니다.

저는 권 목사님과 실천신학대학원에서 2년 동안 함께 학문을 순례하는 동안 남다른 열정과 꿈으로 하나님 나라 사상을 미래 신학과 교회, 목회와 선교의 '중심 추'와 '모티브(motive)'로 받아들이는 학문적인 헌신에 인상을 받은 바 있었습니다. 하나님 나라를 향한 목사님의 헌신은 '부에노스아이레스 신학대학원'을 설립하였고, 대학원 교수가 되게 했습니다.

그리고 박사 학위 논문을 근간으로 쓴 본 저서는 통상적으로 구분해 오는 성서신학, 조직신학, 역사신학, 실천신학의 전통적 주제들을 하나님 나라 사상에서 조명하고 재해석한 후, 모든 것을 하나님 나라 패러다임으로 변혁할 것을 추구하고 호소하는 학문적 절규로 태어났습니다. 하나님 나라의 임재가 없는 미래 역사, 미래 교회, 미래 목회, 미래 교육은 사멸할 수밖에 없다는 경고음도 담고 있습니다.

코로나 19 이후 변형된 세계 지평 속에 '하나님 나라가 가까웠으니 회개하라!'를 외치시던 주님의 말씀을 다시 울려 주는 목사님 소리에 우리 모두 경청했으면 좋겠습니다.

2022년 고양시 일산에서, 은준관 목사

(실천신학대학원대학교 설립자 겸 명예총장, TBC 성서연구원 이사장)

교회 갱신과 선교의 변화를 위하여

저자는 본서에서 "복음이 교회에 정체성을 주고 교회의 사역을 결정한다."를 후렴처럼 반복한다. 한 목회자와 선교사의 복음 이해가 그의 사역을 결정한다. 그러므로 복음에 대한 이해는 매우 중요하다. 「하나님 나라와 이혼한 복음」은 교회 갱신과 선교의 변화를 위한 책이다. 본서가 한국 교회는 물론 세계 열방 가운데 세워지는 모든 교회에, 그리고 목회자와 선교사들에게도 도전이 되기를 간절히 바란다.

선교의 전통적 정의는 타 문화권에 가서 복음을 전하고 교회를 세우는 것이다. 그런데 문제는 어떤 복음을 전하고 어떤 교회를 세울 것인가이다. 많은 선교사들이 별 고민 없이 이 문제를 쉽게 생각한다. 이슬람권에서 한 사람을 얻기 위해 고군분투하는 선교사들에게는 이런 고민이 사치라고 생각될 수도 있다. 그럼에도 불구하고 어떤 복음을 전하고 어떤 교회를 세울지를 고민하는 것이 필요하다. 왜냐하면 선교사가 세운 교회가 그 나라 미래 교회의 모델이 되기 때문이다. 교회는 하나님 나라를 증거하기 위해 존재한다. 저자는 교회의 본질이 무엇인지 이해해야 하나님 나라 목회를 할 수 있음을 강조한다.

저자는 구속사 중심의 신학의 한계를 지적한다. 우리는 예수님의 구속 사건은 강조하지만 구속의 목적인 하나님 나라는 잘 언급하지 않는다. 저자는 출애굽 사건과 십자가 구속 사건을 연결한다. 출애굽 사건의 핵심은 출애굽 자체가 아니다. 종살이하던 히브리인들이 애굽을 탈출하여 하나님 나라 백성이 된 것이 중요하다. 십자가 사건으로 우리는 구속되었을 뿐만 아니라 하나님 나라 백성이 되었다. 저자는 우리가 이 세상 속에서 하나님의 백성으로 살아가는 것이 구속의 목적임을 강조한다.

선교사들이 사역을 잘하는 것도 중요하지만 자신의 선교 경험과 연구 결과를 책으로 남기는 것은 매우 의미 있는 일이다. 그것이 한국 교회 선교 역사의 한 페이지가 되기 때문이다. 권오묵 선교사는 자신의 아르헨티나 선교 사역에서 경험한 생생한 영적 싸움의 사례들을 「영적 싸움의 현장」이라는 책으로 남겨 한국 교회에 큰 도전을 주었다. 새롭게 출간되는 「하나님 나라와 이혼한 복음」도 한국 교회와 선교사들에게 큰 도움이 될 것이라 기대한다.

2022년 여의도에서, **주민호 선교사**

(전 카자흐스탄 선교사, 침례교해외선교회 회장)

하나님 나라와 이혼한 복음

◆

목회의 본질과 그 원형을 찾아서

"목사의 복음 이해가 그 교회의 정체성을 결정하며, 목회사역의 내용을 결정한다."

오래전 한 목사님이 설교 서두에 하신 말씀이 내 머릿속에 박혔다. 그의 손에는 편자 하나가 들려 있었다. 한 목동이 편자 하나를 들고 대장간에 가서 대장장이에게 이렇게 말했다. "이것과 똑같은 것 100개 만들어 주세요." 며칠 후 목동은 대장간에 주문한 편자를 찾으러 갔다. 그런데 100개가 모양이 조금씩 다 달랐다. 왜 이런 일이 벌어진 것일까? 이유는 그 대장장이가 목동이 샘플로 가지고 간 편자는 단 한 번만 사용하고, 그 후로는 카피한 것을 사용했기 때문이다. 카피의 카피가 반복되면서 100개의 모양이 조금씩 다른 편자가 생겨났다.

예수님이 이 땅에 오셔서 복음을 전파하신 지 2000여 년의 세월이 흘렀다. 그리고 우리는 누군가로부터 복음을 전달받았고 또 그 복음을 전하고 있다. 나는 복음을 전하는 선교사로서 나 자신에게 묻는다. "나는 카피된 복음을 전하는 것이 아닌가? 나는 복음을 제대로 이해하고 복음을 전하는가? 나의 복음 이해에는 문제가 없는가? 나는 교회가 무엇인지 확실히 이해하고 교회를 세우는가? 나는 목회의 본질을 이해하고 목회하는가? 나는 복음의 원형과 교회의 원형을 회복하려고 노력하고 있는가?"

나는 선교 사역을 하고 있는 아르헨티나에 신학대학원을 설립하기 위해 2014-15년, 이천에 있는 실천신학대학원대학교에서 Th. M과정을 공부했다. 은준관 박사를 통해 하나님 나라에 대해 눈을 뜨기 시작했다. 그리고 복음서와 사도행전을 반복하여 읽기 시작했고, 예수님과 제자들이 전파한 복음이 하나님 나라 복음이라는 사실을 깨닫게 되었다. 그리고 한 지인의 소개로 아미쉬 사회학자이며 신학자인 도널드(Donald Kraybill) 크레이빌의 「예수가 바라본 하나님 나라(THE UPSIDE-DOWN KINGDOM)」를 소개받았다. 이 책은 성경 다음으로 내가 사랑하고 가르치는 책이다.

그 후 나는 아르헨티나, 파라과이, 볼리비아 등 남미 국가에서 현지인 목회자들을 대상으로 "하나님 나라 목회" 세미나를 인

하나님 나라와 이혼한 복음

도해 왔다. 나는 라틴아메리카 교회가 미국과 한국으로부터 세계 선교의 바통을 이어받을 것이라고 확신한다. 이미 남미 국가들이 많은 선교사를 보내고 있다. 그러나 남미 교회가 좀 더 건강한 교회가 될 필요가 있다고 느꼈다. 건강한 교회로의 전환을 어떻게 이룰 수 있을까 고민하다가 하나님 나라 복음을 통해 교회 갱신을 이룰 수 있다는 확신에 이르게 되었다.

이 책은 저자가 Midwestern Baptist Theological Seminary 에서 박사 과정을 하면서, "라틴아메리카 콘텍스트에서 하나님 나라 복음 회복을 통한 교회 갱신(CHURCH REVITALIZATION VIA THE RESTORATION OF THE KINGDOM GOSPEL IN THE CONTEXT OF LATIN AMERICA: FOCUSING ON THE SEGUIDORES DE CRISTO CHURCH IN ARGENTINA)"이라는 학위 논문(D. Ed. Min.)을 쓴 것을 기초로 쓰여졌다.

한국 교회는 성장기와 정체기를 지나 이제 쇠퇴기에 접어들었다. 그러나 많은 목사들이 여전히 성장시대의 사고로 목회를 하고 있다. '선교적 교회'를 말하지만 말뿐인 것 같다. 많은 목회자들이 복지를 통해 돌파구를 찾으려고 한다. 교회를 성장시켜 보려는 그 마음을 충분히 이해한다. 그런데 그 복지를 이용하여 교회를 성장시켜 보려는 속마음이 너무도 뻔히 보인다.

복지에는 "여관주인 모델"과 "선한 사마리아인" 모델이 있는데 대부분의 한국 교회는 여관비와 백지수표까지 받은 "여관주인 모델"을 따르고 있다. 선한 사마리아인같이 자기희생을 통한 복지가 아니면 지역 사회를 감동시킬 수 없고 기대하는 전도도 잘 되지 않는다. 하드웨어보다 소프트웨어가 더 중요하다. 먼저 신학적 정리가 필요하다. 생각의 전환이 우선되어야 한다.

나는 한국 교회에 감히 말한다. 복음의 원형인 하나님 나라 복음을 회복하라. 그리고 하나님 나라 목회를 하라. 하나님 나라가 선포되는 예배, 하나님 나라가 드러나는 성찬을 회복하라. 하나님 나라의 원리들이 실현되는 신앙 공동체를 만들라. 신앙은 가르쳐지는 것이기보다, 하나님 나라가 실현되는 신앙 공동체 안에서 형성되는 것이다. 선교사들은 선교지 사람들에게 복음을 전하기 전에 당신이 전하는 복음을 점검해 보라고 말하고 싶다. 선교지에 어떤 복음을 전하고, 어떤 교회를 세우기를 원하는가?

「하나님 나라와 이혼한 복음」이 한국 교회를 다시 세우려고 씨름하는 목사들과 열방에서 복음을 전하며 영적 싸움을 싸우는 동역자 선교사들에게 도전이 되고 힘이 되기를 바란다.

나는 정통주의 신학의 복음을 부정하지 않는다. 다만 정통주의 복음 이해의 폭을 넓힐 필요가 있고 지나치게 헬라화된 이원론적 복음 이해를 극복할 필요가 있다고 말하고 싶다.

나는 본서에서 '하나님 나라의 복음'과 소위 우리가 '구속의 복음'이라고 하는 두 관점, 공관복음서의 '하나님 나라 백성 공동체'와 요한복음의 '영생 공동체'의 통합적 이해를 시도한다. 성서신학이나 조직신학을 전공하지 않고 실천신학과 교육신학을 공부한 사람으로서 힘든 작업임을 알지만 감히 용기를 내 본다.

2022년 안식년을 보내면서 연희동 안식관에서

권오묵 선교사

목차

제1부

우리의 복음 이해는
문제가 없는가?

1장

하나님 나라와 이혼한 복음

-
-
-

"복음이 하나님 나라와 이혼하고 낳은 사생아가 교회이다."
"예수는 하나님 나라를 증거했으나 뒤에 온 것은 교회다."

"복음이 하나님 나라와 이혼하고 낳은 사생아가 교회다." 러시아 정교회의 한 사제가 한 말로 알려진다.[1] 우리 개신교도 이 말을 잘 되새겨 볼 필요가 있다. 하나님 아버지로부터 이 땅에 보냄받은 예수님은 하나님 나라 복음을 선포하셨다. 예수공동체의 복음은 '하나님 나라 복음' 이었는데 시간이 지나면서 '예수 그리스도의 복음', '은혜의 복음', '구속의 복음' 등 복음 앞에 붙는 수

---

[1] 이 말의 출처를 찾기 위해 여러모로 애써 보았지만 정확한 출처를 찾지 못했다. 혹시 아시는 분이 계시면 나누어 주시면 감사하겠다.

식어가 바뀌었다. 지금 우리는 일반적으로 모든 수식어를 떼어 버리고 그냥 '복음'이라고 한다. 예수께서 선포하시고 제자들이 전한 복음은 '하나님 나라 복음'이었다. 복음의 선포자인 예수가 복음의 내용이 되었다. 하나님 나라는 사라지고 교회가 하나님 나라가 되었다.

프랑스 가톨릭 사제인 알프레드 로이지(Alfred Roisy)는 하나님 나라를 선포하셨던 예수님의 죽음과 부활 후에 교회가 생겨난 것에 대해 이렇게 말했다. "예수는 하나님 나라를 선포했는데, 그 후에 온 것은 교회였다."[2] 예수님은 하나님 나라를 꿈꾸셨는데 전혀 다른 교회가 나타났다는 것이다. 물론 하나님 나라의 자리를 대신한 제도화된 가톨릭 교회에 대한 자기 성찰적 비판이라고 생각한다. 하지만 우리 개신교회도 이러한 비판을 면제받기 어려울 것 같다. 역사 속에서 하나님 나라 복음을 증거하던 교회가 하나님 나라의 자리를 대신하게 되고 교회는 남고 하나님 나라는 사라지게 되었다. 복음은 하나님 나라와 분리되었고 교회가 하나님 나라 자리를 차지하게 되었다.

나는 목사와 그 교회의 교인들의 복음에 대한 이해가 그 교회의 정체성과 사역의 내용을 결정한다고 믿는다. 만일 어떤 교회

---

2 Alfred Loisy, 「교회」, 이신건 역 (서울: 한국신학연구소, 1990), 60.

가 복음을 사회적 해방으로 이해한다면 그 교회는 사회 변혁을 추구하는 목회를 하게 될 것이고, 어떤 교회가 복음을 영적 해방으로 이해한다면 그 교회는 영혼 구령에만 전력하게 될 것이다. 복음에 대한 이해가 그 교회의 사역 내용을 결정하게 된다. 교회 갱신은 복음에 대한 이해에서 시작해야 한다.

프란시스코 교황(Papa Francesco)은 마치 개신교 지도자에게서 듣는 것 같은 이야기를 했다. "내가 말하려고 하는 것을 요약하면: 모든 교회 개혁의 기준은 복음이어야 한다. 개혁은 본질적으로 교회를 복음에 더 가깝게 만드는 것을 의미한다. 예수님께서 자신을 설교하지 않고 하나님의 왕국을 설교하신 것처럼, 교회는 하나님 나라를 섬겨야 한다. 교회는 하나님 나라의 성찬이다."[3] 프란시스코의 말처럼 교회 개혁의 기준은 복음이다. 복음이 분명하면 교회는 변화된다. 교회는 복음을 위해 존재하며 하나님 나라의 복음을 증거하는 것이 그 사명이다.

먼저 우리들의 일반적인 복음 이해의 문제를 몇 가지 살펴보려고 한다.

---

3 Maier, Martin, "Do We Still Need Reformers in the Church? The Case of Oscar Romero." New Blackfriars, Mar 2018, Vol. 99 Issue 1080, 2.

하나님 나라와 이혼한 복음

1. 축소주의 복음

우리가 흔히 사용하는 전도지들이 대개 조직신학의 구조를 따른다. 예를 들어 4영리는 하나님의 사랑, 인간의 타락, 예수 그리스도의 구속, 영접의 순서로 구성되어 있다. 대부분의 전도지들이 이 구조를 가지고 있다. 마이크 어(Mike Err)는 이것을 '축소주의'라고 한다. "우리는 구원을, 내가 죽었을 때 천국에 들어갈 수 있게 해 주는 네 단계로 축소했다."[4] "게다가 이 복음은 그때(미래)와 거기(천국)에 대해서는 예비적이지만, 지금 여기에 대해서는 손대지 않고 남겨 둔다."[5] 그러므로 우리가 전하는 복음에는 역사성이 없으며 삶의 도전이 없다.

마이클 프로스트(Michael Frost)는 "탈육신적 복음 전도"의 문제를 지적한다. "사람들이 죽을 때 단순히 천국에 가는 방법에 대한 정보를 주는 것 이상이다. 복음전도는 예수가 왕이시고 모든 만물을 그분의 평화롭고 의로운 통치 아래 두며, 이 땅의 모든 이가 그분의 통치를 인정하고 복종하도록 부르시는 좋은 소식의 선포다."[6] 하나님 나라의 핵심은 하나님의 통치이다. 나는 지금까지 하나님 나라를 언급하는 전도지를 본 적이 없다.

---

4 Mike Erre, 「교회, 하늘을 땅으로 가져오다」, 송영의 역 (서울: 국제제자훈련원, 2010), 28.
5 Ibid., 111.
6 Michael Frost, 「성육신적 교회」, 최형근 역 (서울: 새물결플러스, 2016), 240.

박영철은 그의 책 「구멍 난 복음을 기워라」에서 복음 자체에 문제가 있는 것은 아니지만 우리가 전하는 복음에 구멍이 나 있다고 말한다. "이러한 구멍들이 가져온 문제의 핵심은 예수님을 주님(Lord)이 아니라 구세주(Saviour)로 소개하는 데 초점이 맞춰져 있는 것이다."[7]고 한다. 박영철은 복음을 온전하게 구성하는 다섯 요소로 죄, 십자가, 부활, 회개, 영접을 제시하며 부활을 더 강조해야 한다고 한다. 그는 그리스도의 주되심을 강조하지만 책 어디에도 하나님 나라 복음에 대한 언급이 없다. 부활을 강조하지만 부활을 새 창조의 시작으로 말하지 않으며 하나님 나라와 연결시키지 않는다. 그의 전도 방식은 여전히 전통적이며 조직신학적 틀을 벗어나지 못하고 있다고 할 수 있다.

우리가 구속 중심의 복음 이해의 틀을 가지게 된 이유 중에 하나가 사도신경이라 할 수 있다. 사도신경에는 예수님이 성령으로 잉태되어 동정녀 마리아에게서 태어나신 후, 바로 본디오 빌라도에게 고난을 받으신 후 십자가에 달려 죽으신 것으로 묘사되어 있다. "메시아로서의 주님의 지상사역을 이런 시각으로 설명할 때, 사실 마태복음 3–26장은 필요 없게 된다. 왜냐하면 사도신경에는 주님의 탄생(1–2장) 바로 다음에 주님의 죽음과 부활, 그리

---

7 박영철, 「구멍 난 복음을 기워라」 (서울: 규장, 2016), 16.

　　　　　　　　　　하나님 나라와 이혼한 복음

고 재림에 대하여(27–28장) 기록하고 있기 때문이다."**8** 톰 라이트 (Tom Wright)는 이것을 '빈 망토', '실종된 중간'이라고 표현한다.

예수님의 탄생과 죽음, 그리고 부활이 중요하다는 것을 부인할 수 없다. 그러나 이것만이 복음의 핵심이라고 하는 데는 문제가 있다. 대부분의 교회들이 주일마다 되뇌는 사도신경에 하나님 나라에 대한 언급이 없는 것이 큰 문제이다. 복음서와 사도행전에 "하나님 나라(천국)"가 94번 사용되었다. 우리가 전하는 복음이 복음서의 복음과 거리감이 있다는 것을 부인할 수 없다.

에큐메니칼은 미래적 구원보다 오늘의 구원(salvation today)에 강조점을 둔다. "복음은 개인의 영혼에 대한 것뿐 아니라 삶의 현재적 영역에 대한 것이고, 구원은 개인의 구원뿐 아니라 불의를 생산하는 사회의 구조와 체계를 변화시켜야 하는 사회의 구원으로 본다." 에큐메니칼 선교의 이슈는 이 세상의 '샬롬'이다. 복음주의 안에는 복음전도와 교회 확산을 강조하는 전통주의적 입장과 복음전도와 사회 참여의 균형이 필요하다는 입장이 공존한다.

지금까지 로잔운동이 채택한 세 개의 선언문인 로잔 언약(1974), 마닐라 선언(1989), 케이프타운 서약(2010)을 정리해 보면 로잔운동이 지향하는 복음은 "온전한 복음(the whole gospel)"이

---

8 Tom Wright, 「하나님은 어떻게 왕이 되셨나」, 최현만 역 (서울: 에클레시아북스, 2013), 23–96.

다. 복음의 한 부분만 편중하여 강조하는 것이 아니라 복음의 전체적 내용을 균형 있게 다루는 것이다. 로잔운동은 "온전한 복음"을 추구한다. 온전한 복음은 예수님의 구속 사역, 성령의 초자연적 역사, 사회 정의, 창조 세계의 회복, 우주적 질서 회복과 선교를 포함한다. 전통적 복음 이해가 틀렸다는 것이 아니고 지나치게 축소되었다는 것이다.

2. 플라톤주의 복음

라이트는 하나님께서 아브라함과 언약을 맺으시고 그를 통하여 세상을 바로잡으시려고 하셨는데, 언약의 백성인 이스라엘이 하나님을 실망시켰다고 하나님이 언약을 포기하시고 이스라엘을 잊으시겠느냐고 반문하며 다음과 같은 예를 든다.

하나님이 고장 난 차를 갓길에 대충 주차하고 남은 여정은 걸어가셨다는 것이다. 이스라엘과의 언약을 폐기하고 예수님 안에서 개입하셨다고 말한다. '로마서의 구원의 길'을 사용하는 이들을 포함하여 오늘날 많은 그리스도인들이 이렇게 '복음'을 제시한다. 그 설명은 대략 이런 식이다. 우리가 죄를 지었지만, 하나님이 예수님을 보내 대신 죽게 하셔서 구원을 받는다. 이스라엘을 언급하지는 않지만, 이스라엘을 빠뜨리면 이 단축된 이야기는 우리가 앞서 보았던 궁극적 목표에 대한 플라톤적 관점('천국')과 인간의 소명에 대한 윤리적 관점('선행'), 구원에 대한 이교적 관점(진노한 신을 달래는 죄 없는 자의 죽음) 같은 비유대 사고 방식으로 뒤집어지기 쉽다.[9]

플라톤은 서구 사상사에 가장 큰 영향을 끼친 사람 중에 하나이다. 그는 동양의 부처와 비슷한 사상을 가졌다. 그에게 있어 시공에 제한을 받는 물질세계는 허상이다. 그러므로 인간은 진정한 세계와 접해야 한다고 주장한다. "플라톤에게 그것은 영원한 형태(Forms)였고, 부처에게는 영원한 무(無)였다."[10] 플라톤에게 악은 없고 물질세계의 덧없음이 있다. 플라톤의 사상은 영지주의자들에게도 지대한 영향을 미쳤다.

플라톤과 마찬가지로 영지주의자들은 물질 세계가 열등하고 어두우며 모든 면에서 악하다고 생각했기 때문에 이 세상에는 원래 이곳에 속한 사람들이 아닌 특정 사람들이 있

---

9 Tom Wright, 「혁명이 시작된 날」, 이지혜 역 (파주: 비아토르, 2019), 416.
10 Tom Wright, 「마침내 드러난 하나님 나라」, 양혜원 역, (서울: 한국기독학생회출판부, 2014), 155.

다고 믿었다. 이 빛의 자녀들은 마치 유성처럼, 현재는 천한 물질적 육체 안에 숨겨져 있는 아주 작은 빛 같은 존재지만 그들이 일단 자신이 누구인지 깨닫고 나면 이 '지식'[헬라어로 '그노시스(gnosis)]이 그들을 영적 실존으로 들어가게 해 줄 것이다. 그 영적 실존으로 들어가고 나면 그들은 이제 그 실존에 의해 살 것이며, 죽음을 지나 공간-시간-물질 너머에 있는 무한한 세계로 들어갈 것이다.[11]

기독교를 영지주의에 포함시키는 사람들이 있다. 그러나 요한서신 등을 통해 볼 때 기독교는 영지주의를 경고하고 있다. "성경은 악이 물질성에 있는 것이 아니라 반항에 있다고 분석하기 때문에 인간과 이 세상이 속박되어 있는 원인 역시 악이 형체를 가지고 있기 때문은 아니다."[12] 성경은 '악'이 존재하며 악에서 몸과 영혼이 구속받는다고 한다. 서방교회의 신학은 헬라 철학의 영향을 받았다. 문제는 우리의 복음 이해가 헬라화되었다는 것이다.

물질세계가 악하다고 생각하며, 그러므로 영적 세계를 추구하고 영혼 구원을 지나치게 강조하는 것은 헬라 철학의 영향이다. 결과

---

11 Ibid., 156-7.
12 Ibid., 165.

적으로 우리는 전도할 때 현재와 미래, 영과 몸의 구속을 포함하는 하나님 나라를 언급하지 않고 영혼의 '천국행'만을 말한다. 예수님은 하나님의 창조물의 청지기인 두 번째 아담으로 오셔서 피조물을 돌보시고 회복하신다. "구속은 창조계를 손상시키고 왜곡시키는 악의 문제를 해결한 후에 그것을 다시 만드는 것이다."[13]

조지 래드(George Ladd)는 예수님의 사역 목적이 "그의 메시야 됨을 인정하고 왕국의 백성일 뿐만 아니라, 동시에 세상에서 왕국의 도구가 될 그의 '교회'를 형성시키는 것"[14]이라고 하였다. 하나님 나라가 교회의 정체성을 만들고 교회는 하나님 나라의 도구이다. 복음서에서 예수님이 말씀하신 '하나님 나라'는 "사후의 운명을 일컫는 말도 아니고, 우리가 이 세상에서 벗어나 다른 세상으로 가는 것을 의미하는 말도 아니다. '하늘에서와 같이 땅에서도' 임하는 하나님의 주권적 통치를 일컫는 말이다."[15] 라이트는 계몽주의의 본질인 에피쿠로스주의[16]는 땅과 하늘 사이에 넘을 수 없는 큰 간극이 있다고 주장한다. 많은 그리스도인들이 이

---

13 Ibid., 167.
14 George Ladd, 「신약신학」, 신성종, 이한수 역, 개정증보판 (서울: 대한기독교서회, 2012), 445.
15 Tom Wright, 「마침내 드러난 하나님 나라」, 51.
16 에피쿠로스주의는 '쾌락'을 '신체의 고통이 없는 상태(aponia)'로 본다. 철학을 통해 '마음의 평안(ataraxia)'을 얻을 수 있다고 본다.

비성경적 우주론을 받아들여 초연한 영성(이 땅에서는 별로 쓸모없어 보이는 하늘의 경건)과 현실 도피적 종말론(이 세상을 떠나 천국에 가는 것)을 선택했다.[17]

"구약성경이 가장 중요하게 선포하는 것은 야훼(Yahweh)께서 왕이라는 사실이다. 신약성경은 예수님이 주님(Lord)이시라고 선언한다."[18] 하나님 나라는 하나님의 통치, 예수님의 주권을 의미한다. 하나님 나라는 우리가 죽어서 가는 그곳을 넘어서는 개념이다. 하나님의 나라는 예수님이 주기도문에서 말씀하신 대로 "나라가 땅에 임하는 것"이다. 요한계시록은 새 예루살렘이 하늘에서 내려와 하늘과 땅을 연합시키는 모습을 묘사한다. 그 나라는 현세적이며 또한 미래적이다.

하워드 스나이더(Howard Snyder)는 사람들이 천국(the Kingdom of Heaven)을 우리가 살고 있는 이 땅과는 완전히 다른 천상의 영적 장소, 위에 있는 더 밝은 세상으로 간주하며 우리가 죽음 후에 영원히 사는 곳이라고 생각하기 때문에 새 하늘과 새 땅과 아무 연관이 없고 만물의 화해에 대한 성경의 말씀과 완전히 다른 것이라고 생각한다고 한다.[19] 스나이더는 '땅에 접한 제자도 – 하늘

---

17 Tom Wright, 「혁명이 시작된 날」, 57.
18 Mike Erre, 「교회, 하늘을 땅으로 가져오다」, 58.
19 Mike Erre, 「교회, 하늘을 땅으로 가져오다」, 58.

하나님 나라와 이혼한 복음

과 땅의 이혼을 거부하고 화해를 위해 일하는 제자도'와 '실천된 종말론 – 지금 현재, 땅 위에서, 그것이 포함하는 모든 소망과 불만들을 가지고 하나님 나라를 살아가는 것'과 '성령의 능력 안에서 새로운 피조물을 구현하는 것'을 신실한 선교로 본다.[20] 스나이더는 '땅에 접한 제자도'를 말하며 '하늘과 땅의 이혼'을 거부해야 한다고 한다. 선교의 궁극적 목적은 하늘과 땅의 화해, 하늘과 모든 피조물의 화해이다.

많은 사람들이 요한복음과 요한서신의 '영생'을 오해한다. 영생을 시간적 개념으로 이해하여 끝없이 영원히 사는 것이라고 생각한다. 요한은 에베소 교회의 목회자였다. 오늘날 터키 지역은 당시 헬라 철학의 본산지였다. "터키 남부 지중해 지역은 벌써 오래전부터 그리스 식민지였다. 그리스 철학자인 탈레스의 이오니아 학파에 속하는 철학자들 대부분 오늘날 터키 지역에 거주하던 그리스 사람들이었다."[21] 에베소는 이오니아 학파의 본거지 밀레토와 아주 가까이에 있는 도시였다.

"그리스 철학의 대전제 중 하나가 '영혼'을 육체와 독립적으로

---

20 Ibid., 233.

21 김회권, 「요한복음」 (서울: 도서출판 복 있는 사람, 2020), 131.

존재하는 실체로 본 것이다. 만물의 기원을 물질에서 찾으려는 선배 철학자들과 달리 소크라테스가 처음으로 물질의 궁극성을 부정하고 정신(영혼) 우위 존재설을 주장했다. 이것은 플라톤과 아리스토텔레스가 이어받은 핵심 사상이다."[22] 헬라 철학은 영혼 불멸을 말하고 개인 단위의 영생에 익숙하다.

"그리스–로마시대의 통속철학과 종교는 육체는 죽더라도 영혼이 신에게로 돌아가는 것을 믿었다. 이것이 그리스–로마적 영생 이해의 기본이다."[23] 죽은 사람들의 영혼이 영생의 지복을 누리는 것은 헬라 철학적 개념이다.

"세상 종교의 창시자들의 언어와 예수님의 언어는 상당히 다르다. 세상의 종교들은 미지의 사후세계에 대한 무지와 동경을 이용해 사람들을 지배한다. 모든 종교는 이원론에서 탄생한다. 예수님은 이 이원론을 깨뜨리기 위해 하늘에서 파송된 성육신하신 하나님이다."[24] 종교들은 영혼의 사후 세계를 보장하며 현실을 있는 그대로 받아들이거나 부정하며 살라고 한다. 그러나 기독교는 그런 종교가 아니다. 하나님 나라는 지금 이미 이 땅에서 시작되었다.

---

[22] Ibid.
[23] Ibid.
[24] Ibid., 280.

하나님 나라와 이혼한 복음

"요한복음은 육신을 입은 채 이런 영생을 사는 것이 가능하다고 가르친다. 신령한 일은 육체를 덜 쓰는 일이라는 생각은 성경에서 낯설다. 이것은 토마스 아퀴나스가 대중화시킨 단순논법인데 요한복음은 이런 이원론을 극복한다."[25] 요한복음의 영생은 육체를 입고 사는 동안 누리고 미래에 더 온전히 영생을 누리게 될 것이다.

에베소 교회에는 많은 헬라인 엘리트들이 있었을 것이다. 그러므로 요한은 그의 저서들에서 많은 헬라적 용어와 개념들을 사용한다. 공관복음서의 주제는 '하나님 나라' 인데, 요한복음의 주제는 '영생' 이다. 오늘날 많은 사람들이 이원론적 구원론의 근거를 요한의 저서에서 찾는다. 그러나 요한서신들은 이원론적 구원론을 말하는 영지주의자들을 반박하기 위해 쓰여졌다.

헬라 철학의 한 지류인 영지주의는 창조주 하나님을 열등한 신으로 본다. 왜냐하면 악한 물질을 창조했기 때문이다. 그리고 죽음은 육체의 감옥에서 영혼이 해방되는 것이다. 아이러니컬하게도 우리는 영지주의를 대적하는 요한서신에서 이원론적 구원론을 찾아낸다. 오직 영혼 구원만 강조하고 몸의 구속과 모든 창조물의 회복과 우주의 질서의 회복을 말하지 않는 구원론이 영지주

---

25 Ibid., 282.

의 구원론과 무엇이 다른가?

"영생'에 관해 가장 구체적으로 다루고 있는 요한복음 3장은 예수님과 니고데모의 대화이다. 이 본문에는 '하나님 나라'와 '영생'이라는 표현이 동시에 사용된다. 표현이 다르지만 내용은 같은 것이다. 에베소 교회에는 유대인과 헬라인 엘리트 그룹이 있었다. '하나님 나라'는 유대적 표현이며, '영생'은 헬라인들에게 친숙한 표현이다. 하나님 나라에 들어가려면 거듭나야 한다고 예수님이 니고데모에게 말씀하셨다. '하나님 나라'는 '영생 공동체'이다.

시편 133편은 '영생'을 하나님의 언약 관계 안에서 형제와 우애를 나누며 하나님의 축복 아래 살아가는 것을 영생이라고 한다. '영생 공동체'와 '하나님 나라'는 호환적 표현으로 사용되었다. 요한은 요한복음 17:3에서 "영생은 곧 유일하신 참 하나님과 그가 보내신 자 예수 그리스도를 아는 것"이라고 정의한다. 여기서 '앎'은 관계적이고 언약적 앎을 의미한다.

"헬레니즘 세계에 퍼진 영생과 비교해 요한복음의 영생 특징은 영생의 사회적 차원을 강조하는 데 있다."[26] 헬라니즘의 영생은

---

26 Ibid., 132.

하나님 나라와 이혼한 복음

영적이고 개인적이다. 그러나 유대적인 영생은 삶의 질과 관계의 차원이며 민족적이다. 물론 구약의 사상이 신약에서 확대 발전하거나 변할 수 있다 해도 일반적으로 구약의 개념이 완전히 사라지는 것이 아니다. 요한 계시록은 유대적인 새 예루살렘과 새 하늘과 새 땅의 이야기로 끝난다.

리차드 미들턴(Richard Middleton J.)은 이원론적 구원을 다음과 같이 비판한다. "실제로 정경 전체(구약과 신약)에서 신자의 영원한 운명으로서의 하늘에 대한 언급은 한 번도 없다. 이 개념은 통속적인 기독교적 상상력(과 심지어 일부 신학) 안에서는 대단히 중요한 역할을 하지만, 성경 자체는 한 번도 실제로 의인이 하늘에서 영원히 살 것이라고 말하지 않는다."[27] 미들턴이 그리스도인들이 사후에 가게 되는 하늘나라를 부정한다기보다는 그곳에서 영원히 사는 것이 아니라고 주장하는 것이다. 많은 그리스도인들이 천국에서 영원히 살 것이라고 믿고 있다. 그러나 성경은 우리의 부활, 즉 몸의 구속을 말하며 모든 피조 세계의 회복을 말하고 그리스도 안에서 하늘에 있는 것들과 땅에 있는 것들의 새로운 질서를 말하고 있다.

---

27 J. Richard Middleton, 「새 하늘과 새 땅」, 이용중 역 (서울: 새물결플러스, 2015), 107.

스나이더는 샬롬으로서의 하나님 나라를 말하며, 구약은 샬롬을 생태적 현실로, 신약은 구약의 샬롬 약속들을 토대로 한다면서 예수는 우리의 평화, 즉 우리의 샬롬이라고 한다. 그리고 예수를 우주적 화해자로 하나님의 궁극적 약속의 성취자로 설명한다. 하지만 오늘날 교회는 예수의 구원을 우리 영혼의 구원 정도로 축소하여 말한다. "창조는 도덕적이고 심미적인 그리고 궁극적으로는 영적인 하나의 역작입니다. 그래서 종국에는 시적인 차원이 단지 세계가 작용하는 방식 때문에만이 아니라 보다 중요하게 하나님께서 임재하시고 거기에서 행동하시기 때문에 신학적으로 중요합니다."[28]

샬롬은 창조 세계를 포함한다. 하나님께서는 그 창조 세계에 임재하시고 신음하는 창조 세계를 회복하시기를 원하신다. 문제는 복음이 하나님 나라와 분리된 것에 있다. 마치 복음과 하나님 나라가 이혼이라도 한 듯이 서로를 멀리서 지켜보고만 있다. 하나님 나라와 이혼한 복음은 너무나 축소되어 겨우 회개한 영혼만 담을 수 있게 되었다.

---

28 William Dyrness, "하나님 나라 운동으로서의 개혁주의 생명신학: 일반은총과 "시적 신학"의 관점에서," 「생명과 말씀」, 제4권 (2011): 188.

3. 종말론이 빈약한 복음

이원론적 복음은 종말론이 약하다. 성경의 이야기는 창조로 시작하여 새 창조로 끝나는데, 이원론적 복음은 죽어서 가는 천국에서 끝난다. 한국에 신천지가 극성을 부리는 이유도 우리가 가지고 있는 종말론의 문제에 있다. 우리의 종말론이 하늘 위에서 끝나기 때문에 신천지(새 하늘과 새 땅)를 잘 다루지 않는다. 하나님 나라 신학이 없는 종말론은 너무나 빈약하다.

종말론을 말할 때 하나님 나라를 빼고 말할 수 없다. 하나님 나라는 종말적이다. 그 나라는 이미 시작되었지만 종말론적으로 완성될 것이다. 종말론은 필연적으로 하나님 나라와 연관되어야 한다. "기독교의 종말론은 예수 그리스도가 선포한 종말론적 하나님 나라에 절대적으로 의존한다. 그러므로 기독교에서 종말론은 본질적으로 예수 그리스도의 하나님 나라의 비전에 대한 교의학적 진술이라고 할 수 있다."[29] 하나님 나라의 비전이 없는 종말론은 종말론이 아니다.

많은 사람들이 이 땅의 하나님 나라가 아닌 죽어서 갈 천국을 강조하기 위하여 요한복음 14장 1-4절 말씀을 인용한다.

---

29 윤철호, "통전적인 종말론적 하나님 나라와 현실 변혁적 교회," 「한국기독교신학논총」, 제44집. (서울: 대한기독교서회, 2006), 88.

너희는 마음에 근심하지 말라 하나님을 믿으니 또 나를 믿
으라 내 아버지 집에 거할 곳이 많도다 그렇지 않으면 너희
에게 일렀으리라 내가 너희를 위하여 거처를 예비하러 가노
니 가서 너희를 위하여 거처를 예비하면 내가 다시 와서 너
희를 내게로 영접하여 나 있는 곳에 너희도 있게 하리라 내
가 어디로 가는지 그 길을 너희가 아느니라(요 14: 1-4)

이 본문은 사후 천국에 대한 본문으로 많이 사용되고 있다. 여
기 나오는 '거처(μοναι)'에 대한 해석은 다양하다. 하나님의 영적
집 혹은 성전으로 해석되기도 하며, "히브리서 12:22에서 '살아
계신 하나님의 도성', 곧 하늘의 이스라엘이라는 상징하에 묘사
된 것과 같은, 하나님의 초월적 거처에 대한 회화적 표현일 가능
성이 가장 크다. 그런데 그 상징은 요한계시록 21:9-22:3의 하나
님의 도성에 대한 묵시적 환상에서 길게 부연된다."[30] 중요한 것은
이 회화적 표현이 종말론적 '새 예루살렘'과 연결된다는 것이다.
천국에서 영원히 사는 것이 아니라, 하늘과 땅이 하나가 된다고
한다. 요한복음 18장 36절 또한 많이 인용되는 구절이다.

---

30 George R. Beasley-Murray, 「성경주석 요한복음」, 「WBC성경주석」, 이덕신 역 (서울: 솔로몬, 2001), 496.

예수께서 대답하시되 내 나라는 이 세상에 속한 것이 아니
니라 만일 내 나라가 이 세상에 속한 것이었더라면 내 종들
이 싸워 나로 유대인들에게 넘겨지지 않게 하였으리라 이제
내 나라는 여기에 속한 것이 아니니라

"예수의 나라는 이 세상에 기원을 두지 않는다."[31] 또한 통치 방
식이 이 세상 나라와 다르다는 것이다. 그러나 많은 사람들이 이
구절을 그리스도인들은 불타 사라질 세상에는 신경 쓰지 말고 오
직 영적인 것만 추구해야 된다고 오해한다.

이 땅의 교회는 하나님의 나라를 맛보게 하고 그 나라에 대한 소
망을 가지게 하는 것이다. 이것을 이스라엘 백성의 가나안 정탐으
로 설명할 수 있다. 민수기 13장과 신명기 1장에 보면 모세가 12명
의 정탐군을 가나안 땅에 보낸다. 그리고 그들은 그곳의 수확물을
가지고 와서 과연 그곳이 젖과 꿀이 흐르는 땅이라고 했다.

이에 그들이 올라가서 땅을 정탐하되 신 광야에서부터 하
맛 어귀 르홉에 이르렀고 또 네겝으로 올라가서 헤브론에
이르렀으니 헤브론은 애굽 소안보다 칠 년 전에 세운 곳이

---

31 Ibid., 614.

라 그곳에 아낙 자손 아히만과 세새와 달매가 있었더라 또 에스골 골짜기에 이르러 거기서 포도송이가 달린 가지를 베어 둘이 막대기에 꿰어 메고 또 석류와 무화과를 따니라 이스라엘 자손이 거기서 포도를 베었으므로 그곳을 에스골 골짜기라 불렀더라 사십 일 동안 땅을 정탐하기를 마치고 돌아와 바란 광야 가데스에 이르러 모세와 아론과 이스라엘 자손의 온 회중에게 나아와 그들에게 보고하고 그 땅의 과일을 보이고 모세에게 말하여 이르되 당신이 우리를 보낸 땅에 간즉 과연 그 땅에 젖과 꿀이 흐르는데 이것은 그 땅의 과일이니이다(민 13: 21-27)

이스라엘 백성은 가나안 여정의 첫 출발점에서 정탐군들을 통하여 미리 가나안의 탐스러운 열매들을 맛볼 수 있었다. 복음은 과거에 일어났고 미래에 일어날 일이다. 교회는 미래를 앞당겨 맛보게 해 주는 정탐군의 역할을 한다. "옥타비아누스에서 시작하는 로마의 황제들은 일반적으로 좋은 소식(복음 - 저자 삽입)이라는 단어를 그들이 이미 성취한 일, 그리고 그것이 가져올 삶을 바꾸어 놓을 결과 두 가지 모두를 묘사하기 위해 사용했다."[32] 라이

---

32 Ibid., 26.

하나님 나라와 이혼한 복음

트는 초기 그리스도인들이 이 용어를 가져다가 그리스도께서 이루신 일 그리고 앞으로 이루실 일을 설명하는 데 사용했다고 한다. 복음은 과거에 일어난 일이면서 동시에 미래에 일어날 일이다.

하나님 나라를 선포했던 예수 공동체와 예수 그리스도를 선포하는 교회 공동체를 하나로 보기 어렵다. "예수는 하나님 나라를 선포하였는데, 교회는 예수를 선포하였다. 그러므로 하나님 나라를 선포했던 예수 공동체와 예수 그리스도를 선포하는 교회 공동체 사이에는 불연속성이 존재한다."[33] 오늘날의 많은 교회가 예수는 선포하는데 예수가 선포하신 하나님 나라는 선포하지 않는다.

4. 역사성이 없는 복음

"종말론적 하나님 나라를 선포한 예수를 그리스도로 고백하는 신앙 공동체로서, 그 하나님 나라의 구원을 지금 여기에서 선취적으로 경험하면서, 그 나라의 비전을 품고 예수 그리스도의 복음을 전파하며 하나님 나라를 이 땅에 구현하도록 부름을 받은 현실 변혁적 공동체"[34]가 교회다. 교회는 '현실 변혁적 공동체'이다. 하나님 나라를 이 땅에 침투시키는 교회는 이 세상을 변화시

---

33 윤철호, "통전적인 종말론적 하나님 나라와 현실 변혁적 교회", 88.
34 윤철호, "통전적인 종말론적 하나님 나라와 현실 변혁적 교회", 91.

키는 공동체이다. 하나님 나라를 이미 경험하며, 앞으로 다가올 완성될 그 나라를 기다리는 종말론적 공동체가 교회이다.

종말론에 관한 수많은 이론들이 있다. "요한네스 바이스의 '일관된 종말론', 알버트 슈바이처의 '철저 종말론', 찰스 도드의 '실현된 종말론', 존 로빈슨의 '시작된 종말론', 루돌프 불트만의 '실존적 종말론', 오스카 쿨만의 '이미와 아직 사이의 관점', 위르겐 몰트만의 '미래적 종말론', 에른스트 블로흐의 '유대교의 메시아적 관점' 등."[35] 이러한 대부분의 종말론들의 논점은 "시간"이다. 종말이 현세적인 것인가 아니면 미래적인 것인가 하는 것이다. 오늘날 일반적으로 받아들여지는 것이 오스카 쿨만(Oscar Cullmann)의 "이미와 아직 사이의 관점"이라고 생각한다. 하나님 나라는 이미 임하였고 미래에 완성될 것이다.

"그리스도교는 전적으로 종말론적인 종교다. 왜냐하면 예수에게 붙여진 그리스도(메시아) 호칭 자체가 유대종교사적으로 볼 때 종말론적 배경을 가지고 있기 때문이다. 예수는 종말론적 사신(Botschaft)과 더불어 역사에 등장하였다(참조. 막 1:15)."[36] 기독교

---

35 안수강, "근현대 종말론 동향 및 관점 분석: '시상'(時相)과 '국면'(局面)을 중심으로 – 바이스로부터 후크마까지," 「생명과 말씀」, 21권 (2018): 129–30.

36 이동영, "몰트만의 삼위일체론적 종말론과 그 구성을 위한 조건들," 「한국개혁신학」, 42 (2014): 146.

는 종말론적 종교이다. 그러나 역사 속에서 종말론은 신학의 한 모퉁이로 몰려났다.

기독교는 종말의 희망을 말하는 종교였다. 그러나 교회 역사 속에서 종말론은 점차 힘을 잃어버렸을 뿐만 아니라 변질되어 갔다. "종말론이 가지는 새 하늘과 새 땅과 새 몸에 대한 미래적 비전과 희망, 즉 역동적이고, 체제 변혁적이고, 세계 변용적인 희망의 에너지는 점차로 굴절, 퇴행, 변질되어 열광주의적인 분파주의자들과 이단들에게로 전이되게 되었다."[37] 오늘날 종말론은 새 하늘과 새 땅에 대한 소망을 잃어버렸고 단지 교의학적 논쟁거리로 전락해 버렸다.

"우리가 '구원'을 '사후 천국행'의 관점에서 보는 한, 교회가 하는 주된 일은 그 미래를 위해서 영혼을 구원한다는 관점으로밖에는 볼 수가 없다."[38] 구원의 한 면인 영혼 구원만을 본다면 교회는 현실성과 역사성을 상실한다. 죽음 이전의 삶에 대한 기대가 없을 것이다. 신앙은 오직 미래적이고 현실 도피적 신앙이 될 것이다. 죽음 이후 일어날 일에만 관심이 있는 '이기적인 종말론'은 의도적이든 아니든 간에 하나님의 나라가 지금 여기에 성육신

---

37 Ibid., 149.
38 Tom Wright, 「마침내 드러난 하나님 나라」, 304.

하는 중요한 사실을 부인한다. 구원은 이미 현재의 삶에서 시작되었다. 우리의 영혼뿐만이 아니라 우리의 전 존재가 구원을 받는다. 구원은 미래에 완성될 것이지만 지금 우리는 구원을 맛보며 살 수 있다. 우리의 삶에 하나님의 통치는 이미 시작되었고 그 통치는 미래에 완성될 것이다.

"구원은 인간을 위한 구원이면서 동시에 구원받은 인간을 통한 더 큰 세상의 구원이다. 이것이 교회가 받은 사명의 그 굳건한 기초다."[39] 구원받은 하나님의 백성은 세상에 대한 책임을 지닌다. "하나님은 세상을 바로잡기 위해 먼저 인간을 바로잡기 원하신다."[40] 구원받는 우리는 이 땅에서 지금 할 일이 있다. 하나님의 구원의 목적을 성취해야 한다.

"하나님이 하나님 나라를 세운다. 그러나 하나님은 이 세상에서 하나님의 일이 특히 자신의 피조물 중 하나이자 자신의 형상을 반영한 인간을 통해 이루어지도록 이 세상의 질서를 만드셨다."[41] 인간은 하나님이 목적을 가지고 당신의 형상대로 창조된 하나님의 대리인이다. 하나님의 피조 세계를 관리할 책임이 인간에

---

39 Ibid., 315.
40 Tom Wright, 「이것이 복음이다」, 백지윤 역 (서울: IVP, 2015), 148.
41 Ibid., 317.

게 있는 이유이다.

　인간 타락의 결과로 모든 피조물이 신음하게 되었듯이 인간의 구원과 피조물의 회복은 깊은 연관성이 있다. 하나님은 인간을 당신의 형상을 따라 창조하셨다. 그리고 인간에게 맡겨진 임무는 하나님의 피조물들을 관리하는 것이었다. 그러나 인간의 타락으로 창조 세계는 질서를 잃어버리고 혼돈 속에 빠졌다. 하나님의 영광스러운 창조의 목적을 이루지 못하게 되었다. 사도 바울은 인간이 창조 때의 원래의 모습과 지위를 회복할 때 창조물들이 회복될 것이라고 한다.

> 피조물이 고대하는 바는 하나님의 아들들이 나타나는 것이니 피조물이 허무한 데 굴복하는 것은 자기 뜻이 아니요 오직 굴복하게 하시는 이로 말미암음이라 그 바라는 것은 피조물도 썩어짐의 종노릇한 데서 해방되어 하나님의 자녀들의 영광의 자유에 이르는 것이니라 피조물이 다 이제까지 함께 탄식하며 함께 고통을 겪고 있는 것을 우리가 아느니라(롬 8: 19-22)

　피조물의 회복은 인간의 구원에 종속된다. "하나님은 이 세상 안에 어떤 대상이 아니시지만, 처음부터 자신이 만드신 세상 가운데 계시며 그곳에서 활동하기 원하셨기에, 그런 자신의 임재와 활동의 수단과 유형으로 인간을 창조하신 것이다."[42] 하나님이 이와 같은 목적으로 인간을 만드셨다면 인간의 타락과 창조물의 고통은 상관성을 가지며, 또한 인간의 구원과 피조물의 회복은 분리될 수 없다.

생태계는 우리가 생각하는 것보다 훨씬 심각하며 교회는 생태계를 돌볼 책임을 갖는다. 생태학은 "생명체와 그 생명체를 둘러싸고 있는 환경의 상호관계를 연구하는 학문"[43]이다. 우리 모두는 생태계의 일부로 살아가고 있다. 인간은 이 생태계에 속해 살면서 질서와 체제를 만들어 가는 존재이다. 하나님의 계획과 조화를 이루지 못하는 세상 기술은 에덴의 모조품이며 반역자의 작품이다. 인간의 힘의 상징인 바벨탑은 하나님의 심판의 대상이다. 하나님의 교회는 바벨론의 멸망 후에 올 새 예루살렘, 새 하늘과 새 땅을 소망한다.

성경을 통하여 볼 때 구속받은 우리는 하나님 집의 돌봄이로 부름받았다. 그러므로 교회는 생태계를 돌볼 책임을 갖는다. 예수님은 '두 번째 모세'로 오셔서 새 출애굽을 이루셨다. 하나님

---

42 Ibid., 149.

43 Howard Snyder, 「참으로 해방된 교회」, 권영석 역 (서울: 한국기독학생회, 2005), 54.

하나님 나라와 이혼한 복음

은 애굽에서 종살이하던 이스라엘을 건져 내셔서 광야에서 언약을 맺으시고 그들의 왕이 되시고 이스라엘은 하나님 나라의 백성이 된다. 구원받은 이스라엘은 십계명과 율법을 통하여 사회적 의무를 받았다. 예수님을 통하여 새 출애굽에 참여한 하나님의 백성도 동일한 사회적 의무를 지닌다. 구원받은 인간은 새 피조물로서 이 세상에서 사회적 의무를 수행해야 한다.

하나님은 우리를 그의 나라로, 그의 거룩한 제사장으로 부르셨다. 제사장은 하나님과 사람 사이에 서는 중보자이다. 하나님의 부르심의 목적은 어둠의 나라에서 건져 내셔서 빛으로 들어가게 하신 하나님의 복음을 전하며 이 세상 가운데서 빛과 소금의 역할을 하며 사는 것이다. 그리고 왕 같은 제사장으로 회복된 하나님의 형상을 지닌 자로 세상을 통치하며 변혁자로 사는 것이다.

구원받은 하나님의 백성은 이 세대를 본받지 말고 하나님의 뜻을 분별하고 삶으로 예배하는 삶을 살아야 한다. 바울은 그리스도 안에서 새 피조물이 된 인간에게 하나님께서 "화목하게 하는 직분"을 주셨다고 한다. 그리스도의 구속의 사역을 통하여 하나님과 화목하게 된 인간은 세상과 하나님이 화목하게 하는 임무를 받았다. 그러므로 우리의 제사장직은 교회 안에서만 아니라 세상 속에서도 수행되어야 한다. "너희가 이방인 중에서 행실을 선하게 가져 너희를 악행한다고 비방하는 자들로 하여금 너희 선한 일을 보고 오시는 날에 하나님께 영광을 돌리게 하려 함이라"(벧전 2:12). 우리는 세상 속에서 사회적 의무와 선행을 행하며 살도록 부름받았다.

막스 베버(Max Weber)는 종교개혁 후 루터교, 장로교, 침례교, 감리교를 비롯한 모든 교회가 금욕적 삶을 살았다고 한다. "이러한 금욕적 생활 방식은 자신의 전 존재를 신의 뜻에 맞추어 합리적으로 형성하는 것을 뜻했다. 그리고 이 금욕은 더 이상 과외 활동이 아니라 자신의 구원을 확신하고자 하는 모든 이에게 요구되는 행위였다."[44] 개신교회는 종교개혁 이후 수도원의 금욕적 생활 방식을 시장으로, 사회로, 가정으로 가져왔다. 세상 한가운데 살며 경제활동을 하면서 금욕적 삶을 살았다. 금욕적 삶은 구원받은 자의 증거 자체였다.

"신을 기쁘게 하는 유일한 방법은 수도승적 금욕주의를 통해 현세적 도덕을 경시하는 것이 아니라 오직 현세적 의무를 완수하는 것이라 보았다. 이러한 현세적 의무는 각 개인의 사회적 지위에서 발생하는 것으로서 곧 그의 직업이 된다."[45] 수도승의 삶은

---

44 Max Weber, 『프로테스탄티즘의 윤리와 자본주의 정신』, 박성수 역, 2판 (서울: 문예출판사, 1996), 122.

45 Ibid., 60.

하나님 나라와 이혼한 복음

세속과 등진 삶으로 세속적 의무를 수행하지 않는다. 하지만 개신교도들에게 직업은 소명으로 하나님을 가장 기쁘시게 하는 일이었다. 또한 "세속적인 직업 노동은 이웃 사랑의 외적 표현으로 여겨졌다."**46**

그리스도인들의 직업 노동은 하나님의 소명이다. 그들은 직업 노동으로 이웃을 섬긴다고 생각했다. 그러므로 근면하게 일했으며 결과적으로 부를 획득했다. 그러나 그들은 그 부를 누리기보다는 금욕적 삶을 살았다. 왜냐하면 그것이 구원받은 자의 표지라 믿었기 때문이다. 초기 개신교인들은 그들의 교리를 세상 속에서 사회적 책임으로 승화시켰다. 그리스도인들은 이 세상 속에서 하나님 나라의 가치들을 살아 내야 한다. 그것이 이웃 사랑이고 사회적 책임이다.

혹자는 이것이 인간의 힘으로 하나님 나라를 세우려고 하는 것이 아니냐는 비판을 할 수 있을 것이다. 분명한 사실은 우리의 힘으로 하나님 나라를 세울 수는 없다는 것이다. 예수님께서 십자가와 부활을 통하여 어둠의 나라를 물리치시고 하나님 나라를 세우셨다. 그 나라를 확장하고 그 나라의 가치들을 이 세상 속에

---

46 Ibid., 61.

실현해 내는 것은 그의 백성 된 우리 그리스도인들의 몫이다. 이 것이 영혼 구원만을 강조하는 신학의 틀 안에서는 불가능하다.

스나이더는 교회를 하나님의 대리자로 설명한다. 교회는 이 땅에서 하나님 나라의 상징과 모범 그리고 선행기업(pilot project)이라고 한다.[47] 교회는 하나님 나라가 가시적으로 드러나는 곳이다. 뉴비긴은 교회는 성령 안에서 천국을 미리 맛보는 곳이라고 한다. "하나님 나라가 교회 안에 현존하고 있다는 것은 그 나라의 맛보기, 첫 열매, 보증(ἀρραβών)이신 성령의 임재를 일컫는다."[48] 우리는 성령의 선물을 통하여 그 나라를 미리 맛보게 된다.

사도 요한은 그리스도인들이 종말론적으로 바라고 있는 것을 지금 여기서 살아 내야 한다고 강조한다. 그것은 단지 죄를 짓지 않고 거룩하게 살려고 애쓰는 것만을 의미하지 않는다. 우리는 이미 시작되었지만 종말론적으로 완성될 하나님 나라의 가치들을 지키며 살아야 하는 책무를 지닌다. 현재성과 역사성이 없는 '이기적인 복음'에만 매여 있으면 안 된다. 이 세상 속에서 하나님 나라의 가치들을 실현하며 '거꾸로 된 나라(the upside down

---

47 Howard A. Snyder, 「하나님 나라, 교회 그리고 세상」, 박민희 역 (의정부: 도서출판 드림북, 2007), 117.

48 Leslie Newbigin, 「다원주의 사회에서의 복음」, 홍병룡 역. 2판 (서울: 한국기독학생회 출판부, 2076), 229.

하나님 나라와 이혼한 복음

kingdom)'를 살아야 한다.

많은 사람들이 하나님의 심판으로 온 세상이 불타 완전히 사라질 것만 생각한다. 세상 문화와 정치권력을 상징하는 '대체 에덴'인 바벨론에 대한 심판이 성경에 분명히 있다. 그러나 하나님의 심판의 목적은 파멸이 아니라 회복이다. 하나님은 당신이 '이처럼 사랑하시는 세상'의 멸망을 원하지 아니하시고 회복시키실 것이라고 하신다. 새 하늘과 새 땅을 만드시겠다고 하신다. 그렇다면 오늘 우리는 이 세상을 가꾸는 청지기로서의 삶을 살아야 한다. 우리 그리스도인들은 바라보는 것을 미리 앞당겨 사는 자들이다.

하나님은 광야에서 이스라엘의 왕이 되셨다. 그런데 하나님의 목표는 이스라엘만이 아니었다. '땅끝까지', 온 세상이 하나님 나라의 백성이 되는 것이다. 그 일을 위해서 당신의 백성에게 사명을 주셨다. "세계가 다 내게 속하였나니 너희가 내 말을 잘 듣고 내 언약을 지키면 너희는 모든 민족 중에서 내 소유가 되겠고 너희가 내게 대하여 제사장 나라가 되며 거룩한 백성이 되리라"(출 19:5-6). 이스라엘은 온 세계를 위한 '제사장 나라'로 부름받았다. 그러나 이스라엘은 하나님의 선택의 이유와 목적을 잊어버렸다.

그러나 하나님은 결코 그 꿈을 포기하지 않으셨다. 이스라엘은 하나님의 뜻을 깨닫지 못하여 버림받았지만 하나님은 당신의 계획을 반드시 이루신다. 인간이 이해하기 어려운 신비로운 방법으로 그 일을 이루신다(롬 9~11장). 이스라엘의 넘어짐도 전략적으로 사용하신 하나님께서 하나님의 백성으로서 우리가 갖는 '사회적 의무'를 하나님 나라의 도래를 위해 효과적으로 사용하실 것이다. 실현된 종말을 사는 그리스도인들은 왕과 제사장으로 사회적 책무와 선교적 책무를 지닌다.

5. 초자연성이 부족한 복음

하나님 나라의 본질은 하나님의 통치다. 하나님의 통치가 임하면 소위 우리가 기적이라고 말하는 초자연적 사건들이 일어난다. 하나님 나라가 임하면 어둠의 나라가 물러간다. 이때 우리는 병자가 치유되며, 귀신들이 떠나가는 것을 경험하게 된다. 사도행전 2장에 보면 오순절 날 베드로는 요엘서의 말씀을 인용한다.

> 하나님이 말씀하시기를 말세에 내가 내 영을 모든 육체에 부어 주리니 너희의 자녀들은 예언할 것이요 너희의 젊은이들은 환상을 보고 너희의 늙은이들은 꿈을 꾸리라 그때에 내가 내 영을 내 남종과 여종들에게 부어 주리니 그들이 예언할 것이요 또 내가 위로 하늘에서는 기사를 아래로 땅에서는 징조를 베풀리니 곧 피와 불과 연기로다 주의 크고 영

화로운 날이 이르기 전에 해가 변하여 어두워지고 달이 변

하여 피가 되리라

베드로가 요엘서의 말씀을 인용한 것은 종말에 이루질 것이라고 믿었던 이 말씀이 성취되었다고 말하고 있는 것이다. 오순절 날 성령으로 세례받는 일이 실제로 일어났다. 에스겔 36:25-28에도 말세에 새 영을 부어 주실 것을 말씀하고 있다.

그리고 내가 너희에게 맑은 물을 뿌려서 너희를 정결하게 하며, 너희의 온갖 더러움과 너희가 우상들을 섬긴 모든 더러움을 깨끗하게 씻어 주며, 너희에게 새로운 마음을 주고 너희 속에 새로운 영을 넣어 주며, 너희 몸에서 돌같이 굳은 마음을 없애고 살갗처럼 부드러운 마음을 주며, 너희 속에 내 영을 두어, 너희가 나의 모든 율례대로 행동하게 하겠다. 그러면 너희가 내 모든 규례를 지키고 실천할 것이다. 그 때에는 내가 너희 조상에게 준 땅에서 너희가 살아서, 너희는 내 백성이 되고, 나는 너희의 하나님이 될 것이다. 누구든지 주의 이름을 부르는 자는 구원을 받으리라

하나님 나라는 "새 영"과 깊은 연관성이 있다. 사도행전에 의하

면 새 영의 부으심은 오순절 날 성령 세례로 나타난다. 요한복음에서 세례 요한은 예수님을 "성령으로 세례 줄 자"로 소개한다. 사도행전 2장에서 성령으로 세례받을 것이라고 말하며, 그 결과로 능력을 받을 것을 말하고 있다. "오직 성령이 너희에게 임하시면 너희가 권능을 받고"(행1:8). 성령으로 세례받는 일이 일어나면 결과적으로 권능을 받게 된다. 오순절주의자들은 정통주의자들의 성경에는 성령이 너희에게 임하시면 너희가 '권능을 받고' 가 아닌 '구원을 받고' 라 쓰여 있느냐고 비아냥댄다. 성령은 하나님 나라와 깊은 연관성이 있고 성령은 능력을 나타내시며 복음을 땅 끝까지 증거되게 하신다.

성령론을 다룰 때 많은 자들이 정통주의자 제임스 던(James Dunn)과 오순절주의자 로버트 멘지스(Robert Menzies)를 비교한다. "던은(바울과 요한의 경우처럼) 누가–행전에 있는 성령의 은사는 근본적으로 구원론적인데 그 개념은 하나님 나라의 현존을 가져다주며, 죄를 깨끗하게 하며, 생기 있는 언약의 삶을 가능하게 하고, 나아가 종말론적인 아들 됨을 가져다준다고 주장한다."[49] 던은 성령 세례를 회심과 그리스도인의 삶의 출발이라는 관점에

---

49 Max Turner, "성령세례 문제에 대해 우리는 어디에 있나?: 누가–행전에서의 성령과 구원," 「영산 신학저널」, Vol. 26 (2012): 8.

서 본다.

"오순절 학자들은 누가–행전에 대한 던의 이 같은 주장에 대응하는데, 그들의 주장에 따르면 (바울 이전의 다른 교회들처럼) 누가는 바울과 요한과는 구별되는 아주 '뚜렷한' 은사적/예언적인 성령론을 가진다. 그 성령론에는 그리스도인의 신앙과 삶을 지탱하고 세워 주는 근본적으로 구원론적인 특징이 작용하지 않는다."[50] 막스 터너(Max Tunner)는 던과 멘지스의 가운데 입장에 서서 던의 '구원의 영'과 멘지스의 '은사적 영', '선교의 영'을 받아들인다. 정통주의자들과 오순절주의자들 모두 다 성령 세례는 하나님 나라와 분리될 수 없다고 말한다. 오순절 신학은 성령 세례를 하나님 나라의 시작과 종말론적 통치로 본다.[51] 바울은 로마서 8장 23절에서 성령을 '다가올 갱신의 첫 열매(성령의 처음 익은 열매)'라고 한다. 성령은 새 창조의 원동력이며 하나님의 미래를 현재로 가져오는 실재이다.

오순절 신학의 뿌리는 실현된 종말론(Realized eschatology) 혹

---

50 Ibid., 9.

51 Christopher Setepnson, "Pentecostal Theology According to the Thologians: An Introduction to the Theological Methods of Pentecostal Systematic Theologians" (Ph.D. diss., Marquette University, 2009), 123.

은 시작된 종말론(Inaugurated eschatology)이다. 하나님 나라는 이미 시작되었지만, 아직 그 완성을 기다리고 있다. 우리가 경험하는 치유는 종말론적 치유의 맛보기로서 완성될 하나님 나라를 가리키는 표적(sign), 하나님 나라를 가리키는 표지판이다.

저자가 사역하는 남미는 대부분 오순절 교회이다. 문제는 그들이 지금 모든 질병을 다 고칠 수 있는 것처럼 말한다는 것이다. 신앙의 목표가 마치 기적을 경험하는 것인 것처럼 말한다. 그러나 그것은 분명히 과장된 것이다. 우리는 지금 하나님 나라의 모든 것을 다 누릴 수 없다. 우리는 아직 그 나라의 완성을 기다리고 있다. 교회는 종말론적 하나님 나라 백성 공동체이며 종말에 완성될 하나님 나라를 기다리는 동시에 그 나라를 앞당겨 맛보며 누린다. 단지 미래만 기다리고 있지 않을 뿐이다

성령 세례는 하나님 나라를 위한 것이며, 성령의 은사도 하나님 나라를 위한 것이다. 성령은 그리스도를 구주로 고백하는 자들에게 생명을 주고 교회에 선교적 능력을 부여하며 하나님 나라를 이 땅에 확장시키고, 우리로 하여금 하나님 나라의 시민으로 그리스도의 제자로 살 수 있도록 힘을 주신다. 최근 '복음의 공공성'이라는 말을 자주 듣게 된다. 많은 정통주의자들은 이 용어를 매우 싫어한다. '복음의 공공성'은 우리가 이 세상 속에서 하나님 나라의 시민으로 살아가는 것을 말한다. 복음이 개인의 영혼

하나님 나라와 이혼한 복음

구원만을 위하지 않는다. 복음은 우리가 '하나님의 공의'를 이 세상 속에서 행하게도 한다.

하나님 나라 복음을 말하는 많은 자들도 하나님 나라와 초자연적 기적을 연결하지 못하고 있다. 그들은 단지 하나님 나라 운동의 사회성만을 강조한다. 하나님 나라를 하나님의 통치 개념으로 이해한다면 기적의 사건을 거부할 수 없다. 하나님 나라가 임할 때 초자연적 사건을 경험하는 것이 너무나 자연스러운 일이며, 어둠의 나라의 일들이 물러가는 것은 너무나 당연한 일이다. 우리는 성경에서 수많은 사례들을 볼 수 있다. 예수님은 12제자와 70인을 전도하러 보내실 때, 하나님 나라의 복음을 전하라고 하시며 병을 고치고 귀신을 내쫓는 권세를 주셔서 보내셨다. 사도행전은 온통 기적의 이야기로 가득하다. 하나님 나라를 말하는 사람들조차도 하나님의 직접적 통치로 나타나는 초자연적 사건들을 말하지 않는다는 것이 매우 안타깝다.

2장

복음에 대한 통합적 이해

●
●
●

하나님 나라 복음과 구속의 복음은 다른 것인가?
이 두 복음의 통합은 불가능한가?
복음이 예수 믿고 영혼 구원받아 지옥 면제받고
하늘나라에 가는 것이 전부인가?

예수께서 선포하신 '하나님 나라 복음'과 바울이 가르치는 '구속의 복음'[52]의 관계성을 규명할 필요가 있다. 복음은 하나인데 복음 앞에 붙는 다양한 수식어 때문에 마치 다양한 복음이 있는 것처럼 보일 수 있다.

"예수와 그의 사도들이 같은 복음을 선포하면서도 다른 언어를 사용하게 된 이유는 한마디로, 예수는 그의 죽음과 부활에서 성

---

52 바울도 복음에 대해 '은혜의 복음', '예수 그리스도의 복음', '십자가의 복음' 등 다양한 표현을 사용하지만 편의상 '구속의 복음'이란 함축된 용어를 사용한다.

하나님 나라와 이혼한 복음

취될 구원을 향하여 가면서 그의 하나님 나라의 선포로 그 구원을 약속했기 때문이고, 그의 사도들은 그의 죽음과 부활의 관점에서 이미 성취된 그 구원을 뒤돌아 선포했기 때문입니다."[53] 김세윤은 이 차이를 구원사적 시점의 차이라고 설명한다. 래드도 비슷한 말을 한다. "하나님 나라의 복음은 은혜의 복음과 본질적으로 동일한 것이다. 외견상의 차이점들은 구속사를 다른 전망에서 본 데서 기인한다."

　김세윤과 래드는 동일하게 예수님의 하나님 나라 복음 선포와 사도들의 은혜의 복음 선포가 다르지 않고 단지 구속사적 시점의 차이라고 한다. 예수님은 십자가 사건 이전에 복음을 선포하셨기 때문에 하나님 나라의 복음을 선포했고, 바울은 십자가 사건 이후에 복음을 증거했기 때문에 구속의 복음을 전했다고만 할 수 없다. 왜냐하면 예수님은 부활 이후에도 40일 동안 이 땅에 머물면서 제자들에게 하나님 나라에 대해 가르치셨기 때문이다(사도행전 1:3). 사도 바울도 하나님 나라에 대해 가르치고 증거했다. 예수님은 유대 문화에서, 바울은 헬라 문화 속에서 복음을 전하고 있기 때문이다.

　김세윤은 구속의 복음만 추구하는 한국 교회에 대해 이렇게

---

53 김세윤, 「복음이란 무엇인가」 (서울: 두란노서원, 2003), 150.

말한다. "우리 한국 그리스도인들은 종종 그리스도의 복음을 단순히 내세에서 우리 영혼의 안녕을 보장하는 것 정도로, 또는 현세의 물질적 축복을 약속하는 것 정도로만 이해하곤 합니다."[54] 우리는 결코 '구속의 복음'을 과소평가할 수 없다. 십자가와 부활이 없다면 우리의 구원은 있을 수 없기 때문이다.

그러나 바울 신학의 구속이 결코 영혼 구원만을 의미하지 않는다. 바울은 골로새서 1장 13-14절에서 우리 그리스도인들이 어둠의 권세에서 건져 내져 하나님 나라로 옮긴 사건을 말한 후 그리스도 안에서의 만물의 회복을 말한다. "그가 만물보다 먼저 계시고 만물이 그 안에 함께 섰느니라"(골 1:17). "하늘에 있는 것이나 땅에 있는 것이 다 그리스도 안에서 통일되게 하려 하심이라"(엡 1:10). "그 바라는 것은 피조물도 썩어짐의 종노릇한 데서 해방되어 하나님의 자녀들의 영광의 자유에 이르는 것이니라"(롬 8:21). 이 세 구절은 예수 그리스도 안에 있는 구속이 모든 피조물의 회복을 포함하고 있음을 말한다. 바울은 분명한 새 창조의 신학을 가지고 있다.

"이 우주 전체에 있는 모든 세력, 모든 권위가 메시아에게 굴복할 것이고, 마지막에는 죽음 그 자체가 자신의 권력을 내놓을 것

---

54 Ibid., 15.

하나님 나라와 이혼한 복음

이다."[55] 마지막엔 "사망"조차도 그 힘을 잃어버리고 정복당할 것이라고 한다. 바울의 표현대로 지금 자연이 노예 상태에 있지만 주님이 다시 오실 때 인간의 회복과 함께 창조 세계가 회복될 것이다. 바울 신학은 결코 영혼 구원만을 말하지 않는다. 바울이 말하는 구속은 그리스도 안에서의 모든 피조물과 우주의 회복이다.

김세윤은 예수가 선포한 '하나님 나라의 복음'과 사도들에 의해 선포된 '구속의 복음'의 연결 고리를 골로새서 1장 13-14절에서 찾는다. "그가 우리를 흑암의 권세에서 건져 내사 그의 사랑의 아들의 나라로 옮기셨으니 그 아들 안에서 우리가 속량 곧 죄사함을 얻었도다." 많은 주석가들이 이 구절과 출애굽기 6장 6-8절을 연관시킨다.

> 그러므로 이스라엘 자손에게 말하기를 나는 여호와라 내가 애굽 사람의 무거운 짐 밑에서 너희를 빼내며 그들의 노역에서 너희를 건지며 편 팔과 여러 큰 심판들로써 너희를 속량하여 너희를 내 백성으로 삼고 나는 너희의 하나님이 되리니 나는 애굽 사람의 무거운 짐 밑에서 너희를 빼낸 너희

---

[55] Tom Wright, 「마침내 드러난 하나님 나라」, 169.

의 하나님 여호와인 줄 너희가 알지라 내가 아브라함과 이
삭과 야곱에게 주기로 맹세한 땅으로 너희를 인도하고 그
땅을 너희에게 주어 기업을 삼게 하리라 나는 여호와라 하
셨다 하라

하나님은 과거 이스라엘을 애굽의 종살이에서 구속을 통하여
구출하여 자신의 소유와 백성으로 삼으신 것처럼, 어둠의 나라에
서 종노릇하는 우리를 예수 그리스도의 구속을 통하여 건져 내
시고 부활하신 예수께서 통치하시는 자신의 나라로 옮기셨다. 바
울에게서 '왕국'에 대한 표현은 자주 발견되지는 않지만(롬 14:17;
고전 6:9 참조) 분명하게 전제된다. "사실 1:13의 언어는 유대인들
의 세계에서 기대와 소망이 메시아 예수에게서 성취되었음에 기
초하고 있다."[56]

바울은 유대인 율법 학자였다. 그의 신학 사상 속에 하나님 나
라의 개념이 없을 수가 없다. 바울은 '하나님 나라' 대신 '그의
사랑의 아들의 나라'라는 표현을 사용한다. 그는 이방인을 위한
선교사로 유대인에게 익숙한 하나님 나라보다는 구속이라는 개
념을 더 강조했다. 모세의 출애굽과 이사야의 새로운 출애굽처럼

---

56 Ibid.

하나님 나라와 이혼한 복음

하나님은 우리를 이주시키셨다.

더글라스 무(Douglas Moo)는 사도행전 26장 12-18절에서 사울이 주님을 만나서 눈을 뜨고 하나님의 종으로 부름받는 장면과 골로새서 1장 12-14절을 비교한다.[57] "이스라엘과 이방인들에게서 내가 너를 구원하여 그들에게 보내어 그 눈을 뜨게 하여 어둠에서 빛으로, 사탄의 권세에서 하나님께로 돌아오게 하고 죄사함과 나를 믿어 거룩하게 된 무리 가운데서 기업을 얻게 하리라 하더이다"(행 26:17-18). 사도 바울도 자신의 소명을 어둠에서 빛으로, 사탄의 권세에서 하나님께로 돌아오게 하는 것이라고 하며 예수님의 소명과 동일시한다.

우리는 바울서신에서 단지 8회밖에 '하나님 나라'라는 용어를 찾을 수 없다. 그러나 바울이 하나님 나라를 언급하지 않았다고 할 수 없다. 바울은 이 두 복음을 연결하고 있다. 십자가와 부활은 하나님 나라의 복음 안에서 그 의미를 갖는다. 김세윤은 예수님의 하나님 나라 선포, 죽음, 부활의 세 사건을 다음과 같이 연결하여 설명한다. "예수의 하나님 나라 복음 선포를 통한 '약속'과 그의 죽음을 통한 그 약속의 '성취', 그리고 그의 부활을 통

---

57 Douglas J. Moo, The Letters to the Colossians and to Philemon, The Pillar New Testament Commentary, 103.

한 그 성취의 '확인', 이 세 가지는 서로 불가분의 관계에 있습니다."[58] 십자가의 죽음과 부활은 예수님이 선포하신 하나님 나라의 성취와 확인이다. 예수님의 죽음은 새 시대, 영생, 하나님 나라로 들어가는 통로이다. 그리고 부활은 십자가의 구속 사건을 확인하며 그가 진정한 메시아임을 선포하는 것이다.

정리하면, 바울은 골로새서 1:13에서 구원을 우리가 어두움의 나라에서 건져 내져서 하나님의 나라로 옮겨진 것이라고 말한다. 그리고 14절에서 이 사건이 예수님의 '십자가의 구속'을 통하여 이뤄졌음을 말하고 있다. 구속의 사건이 중요하지만 그 구속의 목적을 잃어버리면 안 된다. 우리를 십자가의 피로 구속하신 이유는 하나님 나라에서 살게 하기 위함이다. 애굽에서 종살이하던 이스라엘을 홍해를 가르고 건져 내신 이유는 이스라엘을 하나님의 백성으로 삼기 위함이다. 그들을 당신의 백성으로 삼아 통치하고 싶으셔서 그들을 애굽에서 구속하신 것이다. 하나님께서 예수 그리스도의 십자가 보혈로 우리를 구속하신 것은 우리가 더 이상 어둠의 나라에 속하지 아니하고 하나님 나라에 속하여 하나님의 통치를 받으며 살게 하기 위함이다.

---

58 김세윤, 「복음이란 무엇인가」, 150.

하나님 나라와 이혼한 복음

이제 '하나님 나라'와 '구속의 복음'의 통합 속에서 예수님의 십자가와 부활의 의미를 좀 더 구체적으로 살펴보자.

1. 십자가: 어둠의 나라에서 건져 내서 하나님 나라로 옮기심

1) 구속을 통하여 어둠의 나라에서 하나님 나라로 옮기심

골로새서 1:13-14은 구속의 의미를 어둠의 나라에서 해방되어 하나님의 나라로 옮기는 것으로 묘사한다. 마귀의 존재와 어둠의 나라에 대한 인식 없이 하나님 나라를 설명하기 어렵다. 예수님은 마귀가 지배하는 어둠의 나라 속으로 침투하여 들어오셨다.

많은 현대인들이 귀신의 존재를 믿지 못한다. 오래전 한 선배 목사님이 저에게 물으셨다. "권 목사는 오늘날에도 귀신이 있다고 믿어요?" "그럼요 목사님, 성경에 귀신 이야기가 얼마나 많이 나와요. 예수님도 귀신을 쫓아내셨잖아요? 그리고 저는 제 사역의 현장에서 귀신들을 수없이 많이 만났습니다." 그 목사님은 지금은 귀신이 없다고 믿는다고 했다. 계몽주의에 길들여진 현대인에게 귀신의 존재를 믿는 것이 쉬운 일은 아니다.

"귀신 축출은 예수의 사역에 있어서 주변적인 단순한 사건이 아니고, 하나님 나라가 이 악한 세대 속으로 들어온다는 본질적인 목적을 표현한 것이기 때문이다."[59] 예수님께서 귀신 들려 눈 멀고 말 못하는 사람을 고치셨을 때 바리새인들이 바알세불의 힘을 빌려 귀신을 쫓아내신다고 비난했다. 그때 예수님께서 그들에게 이렇게 말씀하셨다. "그러나 내가 하나님의 성령을 힘입어 귀신을 쫓아내는 것이면 하나님의 나라가 이미 너희에게 임하였느니라"(마 12:28). "이것은 아마도 마태복음에 나타나는 하나님의 왕국이 존재한다는 것에 대한 가장 강력한 진술이다."[60] 예수님은 귀신을 쫓아내며 하나님 나라의 존재를 나타내셨다.

하나님의 나라는 미래적이며 현실적이다. 예수님이 병자를 고치고 귀신을 쫓아내신 것은 하나님 나라가 이미 임한 것을 보여준다. 그러나 하나님 나라는 미래에 완성될 것이다. "예수님의 귀신 축출에서 다가오고 있는 하나님 나라를 잘 분별해야 한다. 마태는 대부분 왕국의 미래에 대해 말하지만, 여기서는 그 나라의 현재적 실재를 가리킨다."[61] 하나님 나라는 다가오고 있지만 우리는 지금 여기서 그 나라를 앞당겨 맛보고 있다.

---

59 Geoge Ladd, 「신약신학」, 71.

60 David Turner and Darrell L. Bock, Cornerstone Biblical Commentary, Vol 11: Matthew and Mark (Carol Stream, IL: Tyndale House Publishers, 2005), 173.

61 Leon Morris, The Gospel according to Matthew, The Pillar New Testament Commentary (Grand Rapids, MI; Leicester, England: W.B. Eerdmans; Inter-Varsity Press, 1992), 317.

하나님 나라와 이혼한 복음

당시 사람들은 하나님 나라가 임하면 로마 제국으로부터 해방될 것을 기대했다. 그러나 예수님은 로마 제국을 적으로 본 것이 아니라 어둠의 나라를 적으로 보셨다(요 18:36-37). "예수께서 대답하시되 내 나라는 이 세상에 속한 것이 아니니라 만일 내 나라가 이 세상에 속한 것이었더라면 내 종들이 싸워 나로 유대인들에게 넘겨지지 않게 하였으리라 이제 내 나라는 여기에 속한 것이 아니니라"(요 18:36).

완벽한 하나님의 통치가 있었던 에덴 동산에는 질병과 죽음이 없었다. 타락한 인간이 마귀의 꾀임에 빠져 타락하고 에덴동산에서 쫓겨났을 때 질병과 죽음이 인간을 지배하게 된다. 예수님은 귀신의 역사와 질병을 더 직접적으로 연결시키셨다. 눈멀고 말 못하는 사람의 병의 원인이 귀신이라고 보셨고 귀신을 쫓아내심으로 그의 눈과 입을 열어 주셨다. 그러므로 축사와 치유는 하나님의 통치, 하나님의 나라를 드러내는 가시적 시위이다.

그러나 많은 그리스도인들이 헬라 철학의 영향을 받은 이원론적 구원론을 가지고 있다. 헬라의 철학자 플라톤은 우리의 현재적 존재는 감옥과 같고, 감각 세계는 환영과 같은 것이라고 했다. 환영으로부터 벗어나기 위하여 영혼은 이데아(Idea)의 세계로 비약해야 한다. 이데아만이 실재성을 가지며, 소멸하는 세계와 달리 끊임없이 존재하는 불멸의 실재이다. 우리가 살고 있는 이 세계는 이데아의 현상일 뿐이다. 헬라 철학에서 몸은 영혼의 감옥이며, 물질로 구성된 몸은 악한 것이고 영혼만이 가치 있는 것이다. 그러므로 헬라적 이원론 중심의 구원론에는 치유가 중요한 것이 아니다.

그러나 하나님 나라 복음의 구원론에서 치유는 매우 중요한 의미를 지닌다. 왜냐하면 치유가 어둠의 나라가 물러가고 하나님의 나라가 임하는 표징이기 때문이다. 물론 지금 여기서 우리는 부분적으로 하나님 나라의 일들을 경험할 뿐이며 여전히 온전한 것을 기다리고 있다. 하나님은 그 아들의 피로 값을 지불하고 어둠의 권세 아래 속박되어 있던 우리를 해방시켜 하나님 나라의 백성 삼으셨다. 십자가는 우리를 마귀의 권세와 어둠의 나라에서 해방시킨다.

2) 새 언약을 통하여 하나님 나라 백성 삼으심

십자가는 인간을 구속하기 위한 하나님의 처방이다. 로마서 3:23-26은 이렇게 말한다.

모든 사람이 죄를 범하였으매 하나님의 영광에 이르지 못하더니 그리스도 예수 안에 있는 속량으로 말미암아 하나

하나님 나라와 이혼한 복음

님의 은혜로 값없이 의롭다 하심을 얻은 자 되었느니라 이
예수를 하나님이 그의 피로써 믿음으로 말미암는 화목제물
로 세우셨으니 이는 하나님께서 길이 참으시는 중에 전에
지은 죄를 간과하심으로 자기의 의로우심을 나타내려 하심
이니 곧 이때에 자기의 의로우심을 나타내사 자기도 의로우
시며 또한 예수 믿는 자를 의롭다 하려 하심이라

예수님은 우리의 구속을 위한 '화목제물' 로 드려졌다. 화목제
물의 의미를 잘 이해하기 위해 우리는 이스라엘의 속죄일에 행해
졌던 한 일을 기억해야 한다. 레위기 16:6-10에 보면 속죄일에 두
염소가 희생된다. 하나는 하나님을 위해, 또 다른 하나는 아사셀
을 위해 드려진다. 아사셀이 무엇을 뜻하는지 정확히 알기 어렵
다. 광야의 한 지명이라고도 하고, 광야에 사는 악한 영이라고 하
기도 한다. 아사셀을 위한 염소는 이스라엘의 죄를 짊어지고 광
야로 사라졌다. 이 염소가 시야에서 사라질 때 사람들은 환호성
을 질렀다. 왜냐하면 그들의 죄가 사라졌기 때문이다.

중요한 것은 하나님께 드려진 염소이다. 대제사장의 안수 기도
를 받고 죽임을 당한 이 염소가 예수 그리스도의 죽음을 상징하
기 때문이다. 대제사장은 이 염소의 피를 가지고 지성소에 들어
가 속죄소인 언약궤 위와 앞에 뿌림으로 이스라엘은 죄 용서를

받았다. 속죄일의 기원은 모세가 금송아지 사건으로 십계명 돌판을 부숴 버린 후 두 번째 시내산에 올라가 십계명을 받아 내려온 날이다. 그리고 언약궤 속에는 두 돌판이 들어 있었다. 그러므로 속죄일의 제사는 해마다 하나님과의 언약을 갱신하는 의미를 갖는다.

마태복음 26:28은 새 언약을 말한다. "이것은 죄사함을 얻게 하려고 많은 사람을 위하여 흘리는 바 나의 피 곧 언약의 피니라." 예레미야 31:31-33은 새 언약에 대해 말하고 있다.

> 여호와의 말씀이니라 보라 날이 이르리니 내가 이스라엘 집과 유다 집에 새 언약을 맺으리라 이 언약은 내가 그들의 조상들의 손을 잡고 애굽 땅에서 인도하여 내던 날에 맺은 것과 같지 아니할 것은 내가 그들의 남편이 되었어도 그들이 내 언약을 깨뜨렸음이라 여호와의 말씀이니라 그러나 그날 후에 내가 이스라엘 집과 맺을 언약은 이러하니 곧 내가 나의 법을 그들의 속에 두며 그들의 마음에 기록하여 나는 그들의 하나님이 되고 그들은 내 백성이 될 것이라 여호와의 말씀이니라

모세가 하나님과 언약을 맺을 때는 송아지의 피가 뿌려졌지만

하나님 나라와 이혼한 복음

(출애굽기 24:4-8), 새 언약을 위해서는 예수 그리스도의 피가 뿌려졌다. 로마 제국에는 600만 명의 노예들이 있었다. 시장에서 값을 지불하고 노예를 사서 '자유인 증서'를 써 주면 자유인이 되었다. 이것이 바로 구속이다. 값을 주고 사서 자유하게 해 주는 것이다.

우리가 잊지 말아야 할 것은 속죄의 목적이다. 골로새서 1:13-14에서 보았듯이 우리를 하나님 나라 백성 삼기 위함이다. 우리를 이 세상에서 건져 내서 하늘 나라로 데리고 가려는 것이 구속의 목적이 아니다(사후 천국이 없다는 말이 아니다). 하나님이 우리를 구속하신 목적은 우리를 하나님 나라 백성 삼아 이 세상 속에서 하나님의 백성으로 살게 하기 위함이다. 주기도문의 내용처럼 하나님 나라는 이 땅에 임하는 것이지 우리가 하늘나라로 가는 것이 아니다. 우리에게 일용할 양식을 공급하시는 하나님의 통치를 신뢰하고, 다른 사람의 죄를 용서하며 하나님의 용서를 받으며 하나님 나라 시민으로 오늘을 살아가는 것이다.

2. 부활: 새 창조의 시작, 새 하늘과 새 땅의 소망

예수 그리스도는 두 번째 아담으로서 첫 번째 아담이 잃어버린 하나님 나라의 대권을 회복하셨다. 아담의 타락으로 인간과 하나님의 피조 세계는 사탄이 통치하는 어둠의 나라의 지배하에 처하게 되었다. 예수님은 이 땅에 오셔서 그의 아버지의 나라 "하나님 나라"를 선포하시고(눅 4:43) 그의 죽음과 부활을 통하여 그 나라를 굳게 세우시고 그 나라의 왕으로 등극하셨다(눅 1:31-33; 롬 1:4; 엡 1:19-23, 계 20:6).

"그의 능력이 그리스도 안에서 역사하사 죽은 자들 가운데서 다시 살리시고 하늘에서 자기의 오른편에 앉히사 모든 통치와 권세와 능력과 주권과 이 세상뿐 아니라 오는 세상에 일컫는 모든 이름 위에 뛰어나게 하시고"(엡 1:20-21). "그리스도께서 하나님의 우편에 앉으셨다는 사실은 장소적 의미보다는 구속 사역의 완성 후 그리스도께서 받으신 최고의 통치권을 가리키는 것으로 그리스도의 신적인 위엄과 범 우주적인 주권(Lordship)을 의미한다."[62] 죽음의 권세를 이기고 부활하신 예수님은 하나님의 보좌 우편에 앉으셨다. 그리고 하나님의 영인 성령의 권능으로 통치하신다.

예수님의 부활은 세계 선교의 출발점이다(막 16:14-20; 행 1:1-8). "선교는 온통 기쁨이 폭발하면서 시작된다. 배척당하여 십자가에서 죽은 예수가 살아 있다는 소식은 도무지 억누를 수 없는 그 무엇이었다."[63] 제자들은 이 기쁨의 소식을 전하지 않고는 견딜 수 없었다. "부활절은 예수님의 추종자들에게 사명을 주고, 오순절

---

62 목회와 신학 편집부 편, 「에베소서, 골로새서 어떻게 설교할 것인가」, 「두란노 How주석시리즈 43」, 개정판 (서울: 두란노아카데미, 2007), 142.

63 Lessile Newbigin, 「다원주의 사회에서의 복음」, 223.

은 그들에게 그 사명을 성취하는 데 필요한 도구를 준다."[64] 이 세상 속에 새 질서가 임하였다는 복음을 전하는 자들에게 성령을 부어 주셨다. 성령은 이 세상 속에 있는 어둠의 영을 몰아내고 새로운 통치와 새로운 질서를 세우신다. 전도와 선교는 단지 영혼을 구원하여 하늘나라로 보내는 것이 아니다. 선교는 이 땅에 이미 시작된 하나님 나라를 경험하도록 초대하고 완성될 그 나라를 바라보는 소망으로 살게 하는 것이다.

성령이 임하였다는 것은 새 시대가 구 시대 속에 침투되어 들어왔다는 증거이다. 성령의 역사는 단지 영혼 구원을 위한 선교적 도구가 아니다. 오순절 날 성령을 부어 주신 사건은 종말의 시작과 하나님 나라의 도래를 알리는 역사적 사건이다. "예수께서 마지막 날과 메시아 시대를 시작하셨다는 것이 신약의 저자들의 만장일치의 신념이며, 이것이 마지막 때의 약속에 대한 구약의 약속이었기 때문에 이것의 최종 증거는 성령의 부어 주심이었다는 것이다."[65]

새 시대는 존 스톳트(John Stott)의 말처럼 예수님의 사역과 함

---

[64] Tom Wright, 「마침내 드러난 하나님 나라」, 362.

[65] John R. W. Stott, The Message of Acts: The Spirit, the Church & the World, The Bible Speaks Today (Leicester, England; Downers Grove, IL: InterVarsity Press, 1994), 72.

께 시작되었다. 하지만 오순절 성령의 부어 주심은 새 시대의 시작에 대한 확증이다. 바울은 성령 안에 있는 생명을 종말론적인 실재로 설명한다. 에베소서 1장 14절에서 성령을 "우리 기업의 보증"이라고 한다. 고린도후서 1장 22절에서는 하나님의 약속을 강조하며 "우리에게 인치시고 보증으로 우리 마음에 성령을 주셨느니라"고 한다.

성령은 지금 우리의 삶에 미래의 것을 미리 앞당겨 맛보게 하는 종말론적 실재이다. 여기서 성령은 완전한 지불을 보장하는 계약금을 의미하는 "ἀρραβών(아라본)"으로 쓰였다. 성령은 현시대에 주어진 선물이지만 미래의 종말론적 기업을 보장하는 공탁금이다. 성령의 생명과 역사는 현재적 경험이기도 하지만 미래적 소망을 담고 있다. 하나님 나라는 이미 임한 현재성을 가지지만 또한 앞으로 이루어질 미래성을 가진다. 하나님 나라의 현재와 미래를 연결하는 매체가 성령이다.

고린도후서 5장 16-17절에 바울의 구속사의 지식이 잘 나타나 있다. "그러므로 우리가 이제부터는 어떤 사람도 육신을 따라 알지 아니하노라 비록 우리가 그리스도도 육신을 따라 알았으나 이제부터는 그같이 알지 아니하노라 그런즉 누구든지 그리스도 안에 있으면 새로운 피조물이라 이전 것은 지나갔으니 보라 새것이

하나님 나라와 이혼한 복음

되었도다." 본문은 그리스도를 통하여 하나님과 세상이 화목한 것을 말하며 우리 그리스도인들이 이 사명을 가졌다고 설명한다. 이것은 새로운 질서 속으로 들어간 것을 의미하는 종말론적 사건이다.

"이 선언의 진실은 우리가 그리스도 안에 있을 때 하나님의 새 창조의 일부가 되었다는 것이다. 하나님의 구원 계획은 먼저 인간과 연관되지만 모든 피조물을 포함한다(롬 8:21)."[66] 바울은 죄로 파괴된 옛 창조와 새 창조를 대조시킨다. "그리스도 안에서 '새 창조(καινὴ κτίσις)'를 만들어 새로운 질서를 가져오는 그 사람(τις)을 강조한다. 그리고 이것은 이사야서(사 51: 9-10; 54:9-10; cf. 42:9; 43:18-19)에 근거하며, 랍비들의 새 창조에 대한 가르침보다는 하나님의 구원의 시대를 의미하는 종말론적 언어이다(사 51: 9-10에 근거한 종말론적 용어)."[67] 우리가 그리스도 안에서 새로운 피조물이라는 말은 단지 죄사함과 회심을 말하지 않고, 우주적 종말의 시간이 그리스도를 통하여 시작되었다는 것이다.

---

66 Colin G. Kruse, 2 Corinthians: An Introduction and Commentary, vol. 8, Tyndale New Testament Commentaries (Downers Grove, IL: InterVarsity Press, 1987), 123.

67 Ralph P. Martin, 2 Corinthians, ed. Ralph P. Martin, Lynn Allan Losie, and Peter H. Davids, Second Edition., vol. 40, Word Biblical Commentary (Grand Rapids, MI: Zondervan, 2014), 311.

라이트는 로마서 5-8장을 이렇게 설명한다. "이 본문을 '새로운 출애굽'에 대한 광범위한 해설로 보는 징후가 뚜렷하기 때문이다. 이 새로운 출애굽은 인류를 애굽의 종살이가 아니라 '죄'에서 구출하여, 가나안이 아니라 회복된 창조 세계라는 약속의 땅으로 인도한다."[68] 예수 그리스도 안에서 새 출애굽의 사건이 일어났다.

"그 바라는 것은 피조물도 썩어짐의 종노릇한 데서 해방되어 하나님의 자녀들의 영광의 자유에 이르는 것이니라"(롬 8:21). "그들은 구속된 창조의 첫 열매이다. cf. 약 1:18, '그가 그 피조물 중에 우리로 한 첫 열매가 되게 하시려고 자기의 뜻을 따라 진리의 말씀으로 우리를 낳으셨느니라.' '영광스러운 자유' 대신에 문자 그대로 '영광의 자유'를 높여야 한다."[69] 브루스(F. F. Bruce)는 예수님의 부활을 구속된 창조, 새 창조의 첫 열매라고 한다. 예수의 부활 안에 우리의 부활의 영광이 숨겨져 있고, 우리의 부활 속에 피조물의 회복이 감춰져 있다. "여기서의 자유는 부활에서 성취된 죽음으로부터의 해방(7:24)이다."[70] 이 자유는 그리스도의 부

---

68 Tom Wright, 「혁명이 시작된 날」, 363.

69 F. F. Bruce, Romans: An Introduction and Commentary, vol. 6, Tyndale New Testament Commentaries, 174.

70 Craig S. Keener, Romans, New Covenant Commentary Series, 106.

하나님 나라와 이혼한 복음

활에 근거한다.

"그 자유와 영광은 아직 나타나지 않았지만, 그리스도 예수는 그의 영광에 들어갔으며, 그를 믿는 사람들은 그의 부활 능력으로 영광스러운 삶을 산다. 그러므로 그들은 죄와 사망과 부패의 힘으로부터 완전히 자유하다. 그러나 아직 완전한 것이 아니다. '하나님 안에서 그리스도와 함께 생명이 숨겨져 있다'(골 3:3)."[71] 우리가 갈망하는 궁극적 자유는 사망에서의 자유이며, 그리스도께서 사망의 권세를 이기시고 부활하셨으므로 우리는 사망을 이길 것이다. 아직 우리는 "사망의 몸"을 가지고 있다. 그러나 주님 다시 오실 때 사망을 이긴 "영광스러운 몸"을 가지게 될 것이다.

바울은 구원을 인간의 영혼의 구원으로만 보지 않으며, 또한 인간 전 존재의 구원만으로도 보지 않는다. 그는 모든 피조물의 회복을 구원의 범주에 포함시킨다. 하나님 나라의 구원은 죄와 사망으로부터의 해방이며(롬 8:1-2; 계 20:6), 사탄의 지배하에 있는 어둠의 권세로부터의 해방이며(골 1:13), 모든 피조물의 회복이며(롬 8:18-25), 에덴의 회복인 새 하늘과 새 땅이며(계 21:1-22:5), 우주의 질서 회복이다(에베소서 1:10; 골로새서 1:17). 성경은 하나님

---

71 Joseph A. Fitzmyer, Romans: A New Translation with Introduction and Commentary, vol. 33, Anchor Yale Bible, 509.

의 완전한 구속이 새 하늘과 새 땅에서 이루어질 것이라고 한다. 그곳에는 새 예루살렘이 있고(계 3:12; 21:2), 종말론적 잔치를 위한 새 포도주가 있고(막14:25), 새 이름이 있고(계 2:17; 3:12), 새 노래가 있다(계 5:9; 14:3).

바울이 고린도후서 5장에서 말한 것은 개인적 칭의만 의미하는 것이 아니라 현 시대 속에 새 시대가 침투해 들어왔다는 것이다. 새 질서는 이미 이 시대 가운데 침투되었고, 주님 다시 오실 때 새 하늘과 새 땅이 열리는 새 창조가 있을 것이다. 새 창조를 이해하려면 원창조와 타락 사건을 잘 이해해야 한다. 원창조는 물리적인 것이고, 타락은 죄의 결과로 인간과 모든 피조 세계가 고통 가운데 처하게 된 것이다. 그러므로 새 창조는 형이상학적이거나 철학적 개념이 아니며, 원창조와 연관이 있는 물리적 개념이다.

"내가 만물을 새롭게 하노라"(계 21:5). 요한은 이 구절을 이사야 65장 17절에서 가져왔을 것이다. "보라 내가 새 하늘과 새 땅을 창조하나니 이전 것은 기억되거나 마음에 생각나지 아니할 것이라." 그리스도인들은 새 창조를 기다리며 오늘을 부활의 능력으로 사는 자들이다. 예수님의 부활은 오늘을 사는 힘이며, 내일의 소망이다.

하나님 나라와 이혼한 복음

제2부

신학은 하나님 나라에 대해
무엇을 말하나?

1장

성서신학이 말하는 하나님 나라

●
●
●

예수님의 하나님 나라 사상은 구약 성경에 뿌리를 두고 있다.
하나님은 단지 이스라엘을 애굽의 노예 생활에서 구출하시려고만
하지 않으시고 그들을 하나님 나라 백성 삼기를 원하셨다.
하나님은 우리가 구원받고 하나님 나라 백성으로 살기를 원하신다.

하나님 나라라는 대주제를 성경 주석적 논증을 하려고 한다. 이 주제가 너무 방대하여 소주제로 나누었다. '복음의 원형: 하나님 나라의 복음', '교회의 원형: 종말론적 하나님 나라 백성 공동체'로 나누어 하나님 나라의 복음과 교회를 분리하여 주석 작업을 하고자 한다.

1. 복음의 원형 : 하나님 나라 복음

"왜 하나님 나라가 복음의 원형인가? 복음은 예수 믿고 영혼 구원받아 하늘나라 가서 영원히 사는 것이 아닌가?"라고 반문할

수 있다.

많은 그리스도인들이 복음을 이원론적으로 생각한다. 그들에게 있어서 복음은 예수 믿고 영혼이 구원받아 하늘나라에 들어가서 영혼이 영원히 사는 것이다. 그 복음에는 육체의 구원이 배제되거나 아니면 아주 미미하게 언급된다. 인간의 구원이 전인격적이지 않다. 오직 영혼 구원만이 중요하다.

그러나 성경이 말하는 '영생'은 생물학적 의미의 영생이 아니다. 또한 인간의 타락의 결과로 신음하고 있는 모든 피조물의 회복이 없다. 하나님 나라의 복음은 인간의 영혼 구원뿐만 아니라, 육체의 구원, 하나님의 모든 창조물의 회복과 우주의 질서 회복을 포함한다.

1) 구약에서의 하나님 나라 사상

창조기사에서 창세기 1장이 총론이라면 2장은 각론이라고 할 수 있다. 창세기 2장에 에덴동산이 등장하며 인간의 창조가 구체적으로 기록되어 있다. 하나님은 천지만물을 창조하시고 인간을 당신의 형상을 따라 지으셨다. 그리고 인간을 하나님의 대리자로 세우셨다. 에덴동산은 하나님의 완벽한 통치가 시행되는 하나님 나라였다. 그리고 인간은 그 나라의 대리 통치자였다.

김세윤은 타락의 핵심을 "하나님의 부왕인 아담이 하나님의 통치를 거부한 것"[72]이라고 한다. 부왕인 아담이 사탄의 속임수에 넘어가 하나님의 통치를 받지 않고 스스로 땅을 통치하려고 한 것이다. 창세기 3장 5절에서 사탄은 선악과를 따 먹고 하나님과 같이 되라고 충동질한다. "너희가 그것을 먹는 날에는 너희 눈이 밝아져 하나님과 같이 되어 선악을 알 줄 하나님이 아심이니라." 결과적으로 인간은 하나님 나라인 에덴동산에서 쫓겨나 사탄의 통치 아래로 떨어지게 된다.

인간의 배신을 우리는 신학적으로 "죄"라고 한다. "구속은 창조계를 손상시키고 왜곡시키는 악의 문제를 해결한 후 그것을 다시 만드는 것이다."[73] 구속은 예수 믿고 영혼이 구원받아 하늘 나라에 가는 것만이 아니다. 구속은 악의 세력이 망가뜨린 인간과 하나님의 창조 세계를 원상태로, 아니 그 이상으로 회복시키는 것이다. 구속사가 중요하지만 성경을 지나치게 우리가 구속사 중심으로만 보는 경향이 있다. 그것도 영혼 구원만 강조하는 이원론적 구속이다. 피조물의 회복에 대한 언급이 없다. 구속보다 더 중요한 것이 구속의 목적이며, 그 목적은 하나님의 대리자인 인간의 회복, 에덴의 회복, 하나님 나라의 회복이다.

---

72 김세윤, 「복음이란 무엇인가」, 31.
73 Tom Wright, 「마침내 드러난 하나님 나라」, 167.

하나님 나라와 이혼한 복음

출애굽기 6:7말씀에 하나님께서 이스라엘 백성에게 이렇게 말씀하신다. "너희를 내 백성으로 삼고 나는 너희의 하나님이 되리니 나는 애굽 사람의 무거운 짐 밑에서 너희를 빼낸 너희의 하나님 여호와인 줄 너희가 알지라.""이 진술은 남자가 여자를 아내로 데려가는 것을 묘사하는 데 사용되며(6:23), 야훼와 그의 백성 사이의 언약적 표현(ב ךיח)이다."[74] 하나님께서 아내를 맞이하듯 이스라엘을 다루셨다. "구원받은 하나님의 백성은 하나님 나라의 백성이라는 것입니다. 그러나 저는 백성들을 하나님 나라로 이끌어 들이는 구원이라는 진행 과정보다는 그 목표인 하나님 나라(the Kingdom of God)가 구약에서는 좀 더 중심적인 주제라고 말씀드리고 싶습니다."[75]

구원 행위 그 자체가 목적이 아니다. 하나님 나라 백성 삼는 것이 그 목표이다. 애굽에서 노예 생활하던 이스라엘을 구출하신 것은 하나님 나라 백성의 정체성을 가지고 살게 하는 것이며 열방을 위한 제사장 나라로 사는 것이다(출 19:5-6). 그리스도인의 구원도 우리의 영혼만 구원하여 천국 맨션에서 살게 하는 것이

---

74 Eugene Carpenter, Exodus, Evangelical Exegetical Commentary (Bellingham, WA: Lexham Press, 2016), 339.

75 Graeme Goldsworthy, 「복음과 하나님 나라」, 김영철 역. 재판 (서울: 한국선서유니온 선교회, 2006), 56.

목표가 아니다. 이 땅에서 하나님 나라 시민의 정체성과 가치를 가지고 살면서 믿지 않는 다른 사람들에게 하나님의 통치를 드러내 보이고 사람들을 하나님께 이끄는 것이다.

애굽에서 종살이하던 이스라엘이 하나님의 백성의 정체성을 가지게 되었다. 시내산에서 맺은 언약은 하나님이 이스라엘의 왕이 되시고 이스라엘은 하나님의 백성이 되는 것이다. 여호와께서 이스라엘에 이렇게 말씀하셨다. "세계가 다 내게 속하였나니 너희가 내 말을 잘 듣고 내 언약을 지키면 너희는 열국 중에서 내 소유가 되겠고"(출 19:5). 애굽에서 종살이하던 이스라엘이 하나님의 보물로 하나님과 특별한 관계로 부름받았다. 그러나 이것은 강압적이 아니라 자발적 순종을 말한다. 하나님께서 이스라엘에 왕이 되시는 대신 이스라엘에게 순종을 요구하셨다. 이 언약은 쌍방적이다.

하나님의 호혜의 약속은 이스라엘의 순종을 전제로 한다. 이스라엘은 이 언약을 어길 때 어떤 결과가 있을 것인지 잘 알고 있었다. 하나님께서 그의 백성 된 이스라엘에게 헌법을 두 돌판에 새겨 주셨다. 하나님께서 이스라엘을 선택한 목적이 출애굽기 19: 6에 분명히 기록되어 있다. "너희가 내게 대하여 제사장 나라가 되며 거룩한 백성이 되리라 너는 이 말을 이스라엘 자손에게 전할지니." 하나님께서 이스라엘과 열방을 축복하기 위한 하나님의 제사장 나라로 부르셨다.

이스라엘 백성은 주전 13세기 후반에 가나안 땅에 정착하게 된다. 그들은 헌법인 두 돌판을 법궤 안에 보관하며 하나님의 백성으로서 그 법을 따르려는 의지를 드러냈다. 주변의 도시 국가들과는 전혀 다른 정치 형태를 유지했다. 사사라고 불리는 하나님의 영을 받은 자들을 통해 하나님이 직접 통치하셨다(삿 3:10; 14:6).

주변의 도시국가들과는 달리 신정 정치제도를 따르던 이스라엘에게 큰 혼란의 사건이 발생한다. 그것은 블레셋의 출현이다. 주전 1050년경 부상한 블레셋은 이스라엘에 쳐들어와 그들의 상징이요 자존심인 언약궤를 약탈하여 간다. 이 사건으로 백성들은 요동치고 결국 그들은 사무엘에게 주변 국가들과 같이 왕을 세우기를 요구한다. "모든 나라와 같이 우리에게 왕을 세워 우리를 다스리게"(삼상 8:5) 해 달라는 요구이다. 사무엘은 하나님께 묻게 되고 하나님은 이렇게 응답하신다. "백성이 네게 한 말은 다 들으라 이는 그들이 너를 버림이 아니요 나를 버려 자기들의 왕이 되지 못하게 함이니라"(삼상 8: 7).

사무엘은 왕정제도의 문제점을 상세히 백성들에게 설명하고 그것은 하나님의 뜻이 아니요 하나님께 대한 반역임을 분명히 한다. 그러므로 후에 그들이 아무리 하나님께 부르짖어도 하나님께서 그들을 듣지 아니하실 것이라고 한다. "그날에 너희는 너희가 택한 왕으로 말미암아 부르짖되 그날에 여호와께서 너희에게 응답하지 아니하시리라 하니"(삼상 8:18). 그러나 결국 이스라엘은 하나님의 백성이기를 포기하고, 전쟁에서 그들을 앞서 싸우며 다스릴 왕을 세우게 된다.

생존의 문제 앞에서 그들의 정체성과 자존심을 버려 버린 것이다. 결국 그들은 하나님의 백성에서 다윗과 솔로몬의 백성으로 전락하고 만다. 열왕기상 4:7-19 말씀에 보면 이스라엘의 지파동맹은 와해되고 왕에게 절대 복종하는 12개의 행정구역이 만들어진다. "솔로몬이 또 온 이스라엘에 열두 지방 관장을 두매 그 사람들이 왕과 왕실을 위하여 양식을 공급하되 각기 일 년에 한 달씩 양식을 공급하였으니"(왕상 4:7). 열두 개의 행정구역은 일 년에 한 달씩 왕실의 양식을 책임지게 되었다.

하나님의 백성에서 왕의 백성으로 전락해 버렸다. 하나님의 영을 받은 사람들이 통치하던 이스라엘은 이제 세습하는 왕이 다스리게 되었고, 나라는 왕의 사유물이 되었으며, 백성들은 왕의 종이 되어 버렸다. 솔로몬 시대에 가서는 이방민족과 동맹을 맺기도 하고 이방 여인과 결혼하는 사건이 발생한다. 결과적으로 자연스럽게 이스라엘 안에 이방신들이 들어오게 되고 우상 숭배가 일어나게 된다. 이스라엘이 하나님 나라 백성이기를 포기하고 왕의 백성이 되는 왕정제도를 시행하면서 신분제도가 만들어지고 빈부의 격차가 악화되기 시작한다.

언약을 어긴 북왕조 이스라엘은 솔로몬 이후 여로보암2세 때 잠시 영화를 누렸지만 곧 멸망으로 이르고 만다. 호세아 선지자는 우상 숭배로 타락한 이스라엘을 향하여 자신의 아들을 통하여 메시지를 던지고 있다. "그 이름을 로암미라 하라 너희는 내 백성이 아니요 나도 너희 하나님이 되지 아니할 것임이니라"(호 1:9). 더 이상 하나님의 백성이 아닌 이스라엘은 이방인의 손에 의해 멸망당하고 만다. 남왕조 유다도 북왕조와 별다를 바가 없다.

그러나 이사야 선지자는 심판만 전하지 않는다. 다윗 왕조의 계승을 말하고 다윗 왕조를 영원히 확고하게 할 왕의 도래를 말하며 메시아 대망을 선포한다. 이사야는 하나님 나라의 불씨를 완전히 꺼 버리지 않고 하나님 나라를 미래로 투영시킨다. 남은 자 사상을 통한 메시아의 이상국가를 선포한다. "남은 자 사상은 혈연으로 형성된 이스라엘과 참된 이스라엘, 현실의 이스라엘과 미래적이고 이상적인 이스라엘을 구분한다."[76] 이사야에 의하면 도

---

76 김선영, "하나님 나라 교육목회 신학적 토대," 「하나님 나라를 목회하라」, 김민호 외 7인 (의정부: 드림북, 2019), 154.

래할 하나님 나라는 이스라엘 안에서는 참된 신앙의 사람인 남은 자들을 통하여 이루어질 것이며(사 65:13-15), 나아가 하나님께 돌아오는 모든 민족을 포함하게 된다(사 45:22-23; 49:6).

한편 예레미야는 하나님의 백성이 되기 위해서는 외적인 변화가 아니라 내적 변화가 필요함을 강조하고 있다(렘 4:14). 예레미야 선지자는 성전을 맹신하고 자기기만에 빠진 이스라엘 백성에게 하나님께서 그들과 함께하지 아니하실 것이요 성전과도 함께하지 않으실 것이라고 선포하였으며, 결국 유다도 이스라엘의 뒤를 이어 멸망하고 만다.

이사야 40-60장은 이스라엘의 소망을 선포한다. 이사야 선지자는 이사야 30:15에서 이렇게 말한다. "주 여호와 이스라엘의 거룩한 이가 이같이 말씀하시되 너희가 돌이켜 조용히 있어야 구원을 얻을 것이요 잠잠하고 신뢰하여야 힘을 얻을 것이거늘 너희가 원하지 아니하고." "여기서 힘(gĕbûrâ), 특히(인생의) 전투를 위한 힘이다. '안타깝게도 그들은 기꺼이 들으려고 하지 않았다.' 그러므로 회개하지도 않고 찾지도 않음으로 안식과 힘을 얻지 못했다."[77] 하나님은 회개와 믿음을 촉구하셨지만 이스라엘은 하나

---

77 J. Alec Motyer, Isaiah: An Introduction and Commentary, Tyndale Old Testament Commentaries, Volume 20 (Downers Grove, IL: InterVarsity Press, 2009), 221.

하나님 나라와 이혼한 복음

님보다 강대국을 더 의지했다.

그러나 하나님께서 이사야 40:1에서 "위로하라"를 두 번 반복하신다. "너희의 하나님이 이르시되 너희는 위로하라 내 백성을 위로하라." 심판의 말씀들이 계속되다가 갑작스럽게 회복의 말씀이 선포된다. "이름 없는 무리에 주어진 중복된 명령이다, 주님은 여전히 그들을 내 백성이라고 부르신다."[78] 우상 숭배에 빠져 포로된 백성을 여전히 "내 백성"이라고 불러 주시며 그들을 위로하신다. "너희의 하나님이 이르시되 너희는 위로하라 내 백성을 위로하라"(사 40:1).

"하나님과 이스라엘의 관계는 간단히, '나는 너희 하나님이 될 것이고, 너희는 내 백성이 될 것이다'로 설명된다."[79] 과거와 비교할 수 없는 새 일이 일어날 것이라고 말한다(사 42:9; 43:19; 46:9; 48:32; 48: 6-8). 새로운 출애굽의 경험과 하나님의 통치를 경험하게 될 것이며(사 51:6), 에덴동산의 평화가 다시 임할 것이다(사 51:3).

---

[78] Alec Motyer, Isaiah, D.J. Wisman, Tyndal Old Testament Commentaries (Leicester: InterVarsity Press, 1999), 242.

[79] Klaus Baltzer, Deutero-Isaiah: A Commentary on Isaiah 40-55, Hermeneia (Minneapolis, MN: Fortress Press, 2001), 49.

이사야는 나아가 새 하늘과 새 땅을 말하며(사 65:17-19), 피조물의 회복(사 60:13), 장수와 평화(사 65:20-23), 하나님과의 교제 회복을 말한다(사 65:24). 이사야는 메시아가 오셔서 우리의 영혼을 구원하여 하늘나라로 데려갈 것이라고 하지 않는다. 그는 이스라엘의 회복을 에덴의 회복과 피조물의 회복과 연결시킨다.

성전은 파괴되고 국가도 멸망한 상태에서 하나님 나라에 대한 소망이 세 가지 형태로 나타났다. "첫째는 하나님은 율법을 충실히 지키는 거룩한 백성으로 이루어진 하나님 나라를 세우실 것이라는 소망이었다. 두 번째는 메시아가 영광 가운데 나타나 하나님의 나라를 세우실 것이라는 묵시문학의 소망이었다. 세 번째는 로마 제국에 대한 정치적 투쟁을 통해 다윗 왕가의 영광을 다시 찾음으로써 하나님 나라를 세우겠다는 젤롯당의 소망이었다."[80] 이스라엘의 멸망 가운데서도 하나님은 선지자들을 통하여 하나님의 백성의 회복을 말씀하셨다.

2) 신약에서의 하나님 나라 사상

드디어 때가 되어 하나님의 아들이신 예수께서 오셨고 그의 사역을 시작하신다. 마가는 마가복음 1:14-15에서 이 사실을 기록

---

[80] 김선영, "하나님 나라 교육목회 신학적 토대," 「하나님 나라를 목회하라」, 156.

하고 있다. "요한이 잡힌 후 예수께서 갈릴리에 오셔서 하나님의 복음을 전파하여 이르시되 때가 찼고 하나님의 나라가 가까이 왔으니 회개하고 복음을 믿으라 하시더라." 이 말씀은 이사야의 약속에 뿌리를 두고 있으며 두 가지를 선언하고 있다. 첫째는 때를 선언하고, 둘째는 하나님 나라의 도래를 선언한다.

첫 번째 선언은 다니엘 7:22; 에스겔 7:12; 9:1; 베드로전서 1:11; 요한계시록 1:3의 기대와 부합하는 예언자적이고 묵시적인 배경을 지닌다. '정하여진 때(καιρός, 카이로스)'라는 용어는 일반적으로 일정한 기간보다는 결정적인 순간, 정해진 시간을 의미한다. 구약의 선지자들을 통해 예언된 '지정된 하나님의 시간이 왔다'는 것이다. "때가 찼고"라는 말은 '완성'의 의미보다는 '성취' 혹은 '실현'의 구원사적인 의미를 지닌 말이다.[81] "하나님 나라가 가까이 왔으니"라는 말은 "시간적 근접성보다는 공간에 대한 언급"[82]이다. 그러므로 "때"는 시간적 의미이고, "가까이"는 공간적 개념이다. 예수님은 나사렛 회당에서 이사야 61장의 낭송을 통해 자신이 메시아임을 드러내시며 희년을 선포하셨다.

---

81 Robert Guelich, 「마가복음」, 「WBC성경주석」, 김철 역 (서울: 솔로몬, 2001), 116.

82 James R. Edwards, The Gospel according to Mark, The Pillar New Testament Commentary (Grand Rapids, MI; Leicester, England: Eerdmans; Apollos, 2002), 44-8.

주의 성령이 내게 임하셨으니 이는 가난한 자에게 복음을 전하게 하시려고 내게 기름을 부으시고 나를 보내사 포로된 자에게 자유를 눈먼 자에게 다시 보게 함을 전파하며 눌린 자를 자유롭게 주의 은혜의 해를 전파하게 하려 하심이라 하였더라(눅 4:18–19)

이사야 61장에 나오는 인물은 단순히 구원을 알리는 것이 아니라 구원을 가져오는 인물이다. "예수님이 인용하신 본문은 메시아에 관한 말씀이다. 이사야서 구석구석에는 여호와의 뜻을 이행하기 위해 '기름부음을 받은' 신비로운 인물이 그려지고 있다."[83] 광야의 시험과 세례받으심 등 앞선 사건들과 연결되며 기름부음 받은 자는 메시아이다. 예수님은 이사야 61장을 낭독하신 후 자신을 메시아로 선포하신 것이다.

예수님은 나사렛에서 자신이 메시아이심을 선포하시며 동시에 희년을 선포하셨다. "희년의 면제 제도에 관한 언어들(레 25장; 참조 신 15:2)이 이사야 61:1–2에 채용되고 있다는 것이 학자들의 통설이다. 이러한 인상은 이사야 58:6에서 가져온 행에 아페시스(αφεσις, '해방, 면제, 희년')라는 표현을 추가적으로 삽입한 것에 의

---

83 Tom Wright, 「모든 사람을 위한 누가복음」, 이철민 역 (서울: IVP, 2019), 83.

해서 더욱 강화된다."[84] 예수님께서 하나님 나라를 희년을 통하여 선포하신 것이다.

예수님은 '희년 실천 공동체'를 세우길 원하셨다. 성경 본문에 나오는 '가난한 자', '포로된 자', '눈먼 자', '눌린 자'는 구원의 때를 가리키기 위해 오랫동안 사용해 온 표현 양식이다(사 29:18; 35:5; 61:1). 전통적으로 많은 사람들이 본문을 영적으로만 해석했다. 가난도 영적 가난이고, 포로된 것도 눈먼 것도 다 영적으로만 보았다. 하지만 크레이빌은 다르게 본다. "성경의 참의미를 볼 때, 희년은 영적인 차원과 사회적인 차원을 하나로 통합한다. 희년은 종교와 경제를 하나로 엮어 한 필로 된 천을 짠다. 그 둘을 갈라놓는 것은, 영적인 삶과 경제적인 삶을 하나로 보는 성경적인 진리를 더럽히는 것이다."[85] 성경을 이분법적으로 보는 것은 위험하다.

"희년은 하나님께서 왕이 되신다고 선포한다. 또 하나님의 계명은 옛 권세에 사로잡힌 이들을 해방하며, 옛 나라에 매인 이들을 풀어 주고, 영적 굴레와 사회적 굴레에 묶였던 이들에게 자유를 선사한다."[86] 희년은 영적, 사회적 자유를 선언한다. 신약에서 희

---

84 John Nolland, 「누가복음(상)」, 「WBC 성경주석」, 김경진 역 (서울: 솔로몬, 2003), 404.

85 Donald Kraybill, 「예수가 바라본 하나님 나라」, 김기철 역 (서울: 도서출판 복 있는 사람, 2009), 143.

86 Ibid.

년은 하나님 나라의 표현 방식으로 나타난다.

마태복음 4:17에 예수님의 첫 메시지가 기록되어 있다. "이때부터 예수께서 비로소 전파하여 이르시되 회개하라 천국이 가까이 왔느니라 하시더라." 예수님은 공생애 첫 메시지로 하나님 나라를 선포하셨다. "복음의 핵심은 하나님의 통치가 시작되었다는 기쁜 소식을 선포하는 데 있다. 그리고 그와 같은 통치는 종말 그 자체와 밀접히 관련된 새로운 구속사의 구조 속에서 이루어진다."[87] 복음은 하나님 나라이다. 하나님 나라에 들어가기 위한 조건이 회개이다.

당시 예루살렘은 로마 제국의 총독이 다스렸고 다른 지역은 헤롯 가문이 통치하고 있었다. 백성들은 친로마파 반로마파로 나뉘었다. 더 잃을 것도 없는 갈릴리 농민들은 열심당 편이었다. "가난한 대중들은 '땅의 사람들'이라고 불렸다. 한때 이 말은 단순히 도시 밖에 사는 평범한 사람들을 의미했다. 나중에 와서 종교의 율법을 지키지 않는 사람들에게 붙이는 딱지가 되었다."[88] 바리새인들은 '땅의 사람들'과 접촉을 꺼렸으며 그들과의 식사도 거부

---

87 Donald Hagner, 「마태복음 1-13」, 「WBC성경주석」, 채천석 역 (서울: 솔로몬, 1999), 190.
88 Donald Kraybill, 「예수가 바라본 하나님 나라」, 115.

했다. 그들은 법정의 증인으로도 거부되었으며 심한 멸시를 받았다. 그들의 여인들은 부정한 벌레로 취급당했다.[89] 한 바리새인이 갈릴리 사람들에 대한 냉소적 경멸감을 이렇게 표현했다.

유대인들은 땅의 사람들의 딸과 결혼해서는 안 된다. 그들은 부정한 짐승이요 그쪽 여자들은 가까이 해서는 안될 파충류인 까닭이다. 또 이런 여자들과 관련해 성경에서도 "짐승과 교접하는 자는 저주를 받는다"(신27:21)고 말하고 있다. …… 그리고 엘르아살(R. Elealzar)이 이르기를, 안식일(이날에는 도살하는 것 같은 행위는 금지규정을 이중으로 어기는 일이 된다)과 속죄일이 겹치는 날에는 땅의 사람들을 도살해도 된다고 했다. 제자들이 말하기를, 스승님, (도살이라는 상스러운 말 대신에) '살해'라는 말을 쓰시지요."라고 했다. 그러자 그가 답하기를 "살해할 때는 축복기도를 해야 하지 않느냐. 도살할 때는 그런 게 필요 없다"고 했다.[90]

한때 '땅의 사람'에 속했던 다른 랍비는 이렇게 말했다.

89 Ibid.

90 Donald Kraybill, 「예수가 바라본 하나님 나라」, 116. Wittmayer Baron, A Social ando Religious History of the Jews. Vol. 1, (New York: Columbia University Press, 1952), 275에서 재인용.

내가 땅의 사람이었을 때 나는 "저 학자들 가운데 한 명을 손에 넣었으면 좋겠다. 그러면 당나귀처럼 물어뜯을 텐데." 라고 자주 말했지. 그러자 제자들이 "개처럼 물어뜯는다는 말이겠지요."라고 말했다. 그가 대답했다. "당나귀가 물면 뼈가 부서지지만 개는 그렇게 하지 못하지."[91]

왕국의 토지의 3분의 2를 헤롯이 소유했으며, 갈릴리의 비옥한 땅은 이방인 지주들과 예루살렘에 거하는 부유한 상인들과 사두개파 사람들이 소유했다. "몇 십 년이 지나자 작은 규모의 농토는 사라져 버렸다. 이에 반해 제국의 군주와 성전이 소유한 재산은 헤아릴 수 없을 정도로 늘었다. …… 비참한 궁지에 몰린 수많은 농민들은 땅을 포기하고 도적 떼에 가담했으며, 산속 굴에 살면서 약탈로 생계를 이어 갔다."[92] 대부분의 시골 농민들은 부유한 부재지주들을 위해 일하는 일용직 노동자들이었다.

"1세기에 갈릴리에서 사회적 소요가 발생한 까닭은 로마의 지배와 애국적 민족주의가 원인이기도 했으나 또한 가혹한 경제

---

91 Ibid., 117. Scott Enslin, Christian Beginningos I and II, (New York: Harper Evans, 1956)에서 재인용.

92 Donald Kraybill, 「예수가 바라본 하나님 나라」, 118. Trocme(1973:87–88), Freyne(1980, 1988)에서 재인용.

상황 때문이기도 했다."[93] 이런 상황 속에서 백성들은 황제와 헤롯의 세금 폭탄을 맞았다. 그런 세금의 일부가 성전으로 들어가 하나님께 바쳐지곤 했다. "헤롯 대왕이 다스리던 기간 내내 과도한 세금이 부과되었으며, 그중 많은 돈이 예루살렘의 거대한 성전으로 흘러 들어 하나님께 봉헌되었다."[94] 아마도 성전 건축 기금으로 사용되었을 것이다.

"이런 다극적 권력중심 때문에 이스라엘 사람들은 언약 공동체적인 결속감과 유대감을 모두 잃고 각자도생하고 있었다."[95] 예수님은 통치자들에게 갈취당하고 백성들은 분열되어 서로를 적대시하는 이스라엘을 '영생 공동체'로 회복하시기를 원하셨다. "예수님은 갈릴리 농민 가운데 평화롭고 신명기적인 의미의 평화롭고 자발적 민중자치 공동체가 탄생하지 않으면 전쟁을 통하여 신정국가를 세우려는 군사무장 세력이 헤게모니를 쥐게 될 것을 내다보신 것이다. 로마 제국과 군사항쟁에 돌입하는 것은 이스라엘 민족의 멸망을 자초할 것임을 내다보셨다."[96]

이런 상황에서 예수님은 "회개하라, 하나님 나라가 가까웠느니

---

93 Ibid., 117.

94 Ibid.

95 김회권, 「하나님 나라 신학으로 읽는 요한복음」, 230.

96 Ibid., 231.

라"고 외치셨다. 세례 요한의 외침과 세례받으러 나온 백성들의 반응을 보면 회개의 의미를 더 정확히 이해할 수 있다.

요한은 자기에게 세례를 받으러 나오는 무리에게 말하였다. "독사의 자식들아, 누가 너희에게 닥쳐올 진노를 피하라고 일러 주더냐? 회개에 알맞은 열매를 맺어라. 너희는 속으로 '아브라함은 우리의 조상이다' 하고 말하지 말아라. 내가 너희에게 말한다. 하나님께서는 이 돌들로도 아브라함의 자손을 만드실 수 있다. 도끼를 이미 나무뿌리에 갖다 놓으셨다. 그러므로 좋은 열매를 맺지 않는 나무는 다 찍어서 불속에 던지신다." 무리가 요한에게 물었다. "그러면 우리는 무엇을 해야 합니까?" 요한이 그들에게 대답하였다. "속옷을 두 벌 가진 사람은 없는 사람에게 나누어 주고, 먹을 것을 가진 사람도 그렇게 하여라." 세리들도 세례를 받으러 와서, 그에게 물었다. "선생님, 우리는 무엇을 해야 하겠습니까?" 요한은 그들에게 대답하였다. "너희에게 정해 준 것보다 더 받지 말아라." 또 군인들도 그에게 물었다. "그러면 우리들은 무엇을 해야 하겠습니까?" 요한이 그들에게 대답하였다. "아무에게도 협박하여 억지로 빼앗거나, 거짓 고소를 하여 빼앗거나, 속여서 빼앗지 말고, 너희의 봉급으로 만족

하나님 나라와 이혼한 복음

하게 여겨라"(눅3:7-14).

"예수가 촉구한 이스라엘의 회개라는 주제는 이스라엘의 종말론적 회복과 밀접한 관련을 지닌다. 회개를 뜻하는 헬라어 '메타노이아'(111하3110노)는 히브리어 'teshubahd^Pi'에서 온 것인데, 이 단어는 이스라엘의 예언자들이 잘못을 범한 이스라엘을 야훼에게 돌아오도록 촉구할 때 자주 사용되었다."[97]

여기서 회개는 단순히 개인적인 죄를 뉘우치는 것이 아니다. 하나님의 언약 백성으로서 하나님과의 언약을 지키며 하나님의 축복 아래서 형제가 서로 섬기며 사랑이 넘치는 '영생 공동체'를 깨뜨린 것에 대한 회개이다. 언약 백성으로서 시편 133편과 같은 '영생의 삶(형제가 동거하는 화목한 삶)'을 살지 못한 것에 대한 회개이다. 세례 요한과 예수님은, 이스라엘 백성이 언약 백성으로 '영생'을 살지 못하고 지배자들이 백성을 착취하고 백성은 서로를 사랑하지 못하고 서로를 증오하는 죄를 회개하여 '하나님 나라'를 맞을 준비를 하라고 외친 것이다.

누가복음 4:43에서 예수님은 이 땅에 보냄을 받으신 목적을 진

---

97 정승우, "왜 바울은 하나님 나라에 대해 침묵하는가?", 신약논단 제13권 제2호(2006년 여름) / 401-429.

술하신다. "예수께서 이르시되 내가 다른 동네들에서도 하나님 나라 복음을 전하여야 하리니 나는 이 일을 위해 보내심을 받았노라 하시고." 예수님은 하나님 나라를 선포하시고, 가르치시고, 보여 주셨을 뿐 아니라, 아버지께로부터 이 땅에 보내심을 받은 이유를 하나님 나라를 전하는 것이라고 하셨다.

예수님은 우리를 천국으로 데려가려고 오신 것이 아니다. 예수님은 그의 아버지의 나라, 즉 천국(the Kingdom of Heaven)을 이 땅에 가지고 오셨다. 이 땅에 천국, 즉 하나님 나라를 세우는 것이 그의 사명이다. "예수의 사역을 통제하는 신성한 명령이 있다. 다른 복음서의 저자들보다 누가는 신적 사명(divine must)를 강조한다."[98] 예수께서 아버지께로 받은 거룩한 사명은 하나님 나라의 복음을 전하는 것이었다.

마태복음 1:21에 보면 요셉이 주의 사자로부터 그의 아들을 위한 '예수'라는 이름을 받게 된다. "아들을 낳으리니 이름을 예수라 하라 이는 그가 자기 백성을 그들의 죄에서 구원할 자이심이라." 이 말씀에 의하면 예수의 사명을 구원자, 해방자로 규정한다. "헬라어 ιησου(예수)는 히브리어 ישוע(예수아)에서 온 말이며

---

98 Robert H. Stein, Luke, vol. 24, The New American Commentary (Nashville: Broadman & Holman Publishers, 1992), 165.

하나님 나라와 이혼한 복음

이미 '하나님이 구원이시다' 라는 의미로 여겨졌다"[99]. "하나님이 구원이시다"라는 말은 하나님의 통치를 드러내며 예수가 하나님 나라를 세우실 것이라는 암시를 주고 있다.

베드로는 마태복음 16:16에서 예수를 "그리스도"로 고백한다. "주는 그리스도시요 살아 계신 하나님의 아들이시니이다." '그리스도(Χριστός)' 는 히브리어 מ שׁיח (아쉬아흐)의 헬라어 번역이며 기름부음받은 자를 의미한다. 기름은 성령을 의미하며 선택받은 자에게 성령의 선물을 주시고 구별하여 사용한다는 의미이다. '메시아' 는 다윗의 후손으로서 해방자의 의미를 갖는다. '그리스도' 라는 타이틀은 메시아로서의 구원자라는 구속사적인 특별한 큰 요소를 지닌다.[100] 예수는 구원자이시다. 백성을 죄에서 구원할 자이시다.

대부분의 신학자들이 하나님 나라의 공간성을 배제하고 하나님의 통치를 강조하는 경향이 있다. 하지만 그레임 골즈워디(Graeme Goldsworthy)는 하나님 나라의 공간성을 강조한다. 그는 하나님 나라의 세 가지 요소를 예수 그리스도에게서 찾는다. "그

---

[99] Samuel Millos, Mateo, Comentario Exegético al Texto Griego del Nuevo Testamento (Barcelona: Editorial Clie, 2009), 112.

[100] Ibid., 1095.

분은 하나님의 진정한 백성이며, 왕이신 하나님의 진정한 처소이며, 하나님의 진정한 다스림이신 것입니다."[101] 예수님 안에 하나님 나라가 있다.

예수님은 말씀하셨다. "너희가 이 성전을 헐라 내가 사흘 동안에 다시 일으키리라"(요 2:19). "성전 된 예수님은 하나님의 죄사함을 선포하는 하나님의 아들이다. 예루살렘의 돌로 된 성전이 하나님과 세상 만민을 연결하는 데 실패하자, 예수님의 육체와 손과 발, 예수님의 말씀이 하나님과 소통이 단절됐던 죄인들을 회복하고 치료하는 권능의 매개물이 되었다."[102] 예수님은 자신의 육체를 성전과 동일시하셨다.

요한계시록 21장의 새 예루살렘에 대한 설명에서는 "하나님의 장막이 사람들과 함께 있으매"(3절)라 하고, "성안에서 내가 성전을 보지 못하였으니 이는 주 하나님 곧 전능하신 이와 및 어린양이 그 성전이심이라"(22절)고 묘사한다. "장소를 나타내는 이러한 표현들—동산, 땅, 도성, 성전—은 모두 복음 안에서 그 의도된 의미가 성취됩니다. 신약에서는 하나님 나라의 장소란 예수 그리스도 자신이시기 때문입니다."[103] 하나님의 나라는 예수 그리스도

---

101 Graeme Goldsworthy, 「복음과 하나님 나라」, 148.
102 김회권, 「하나님 나라 신학으로 읽는 요한복음」, 103-4.
103 Graeme Goldsworthy, 「복음과 하나님 나라」, 141.

안에 있다. 그 분이 하나님 나라이며 복음이시다.

하나님 나라를 한마디 말로 정의하기는 쉽지 않다. 성경이 하나님 나라의 정의를 내려 주지 않기 때문이다. 예수님은 많은 비유를 통하여 하나님 나라를 가르치셨다. "성경은 하나님 나라를 정의하지 않는다. 단지 은유와 비유와 기적과 실천적 모범을 통하여 하나님 나라를 보여 준다. 인간 언어의 범주로는 하나님 나라의 신비를 전할 수 없다. 그러므로 신약은 다양한 이미지들을 통하여 하나님 나라의 완전한 모형을 보여 준다."[104] 하나님 나라의 본질을 예수님의 이미지들을 사용하신 은유적 설명을 통하여 찾을 수밖에 없다.

하나님 나라의 본질적 의미는 무엇일까? 예수님이 말씀하신 "먼저 그의 나라와 그 의를 구하라"는 말씀은 무슨 의미일까?

> 너희는 무엇을 먹을까 무엇을 마실까 하여 구하지 말며 근심하지도 말라 이 모든 것은 세상 백성들이 구하는 것이라 너희 아버지께서는 이런 것이 너희에게 있어야 할 것을 아시느니라 다만 너희는 그의 나라를 구하라 그리하면 이런 것

---

104 Timothy Willson, "Reclaiming the Kindom of God Metaphor for the twenty-first century church" (D. Min. diss., George Foz University, 2014), 10.

들을 너희에게 더하시리라 적은 무리여 무서워 말라 너희 아버지께서 그 나라를 너희에게 주시기를 기뻐하시느니라 너희 소유를 팔아 구제하여 낡아지지 아니하는 배낭을 만들라 곧 하늘에 둔 바 다함이 없는 보물이니 거기는 도둑도 가까이하는 일이 없고 좀도 먹는 일이 없느니라 너희 보물 있는 곳에는 너희 마음도 있으리라(눅12: 29-34)

우리의 삶에서 어떻게 먼저 하나님 나라를 구할 수 있을까? 예수님이 말씀하신 재산을 팔아 가난한 자들에게 나누어 주는 것과 하나님 나라를 구하는 것은 무슨 상관이 있는가? 예수님은 재산을 팔아 가난한 자들에게 나누어 주는 것이 하나님 나라를 구하는 것이라고 하신다.

하나님의 나라는 하나님의 통치 개념이다. 국가의 책임은 국민의 생명을 보호하고 국민의 필요를 공급하는 것이다. 그러므로 국민은 세금을 내고 국방의 의무를 행하며 그 책무를 행한다. 하나님은 우리의 통치자로서 우리를 보호하시고 우리의 필요를 채우시는 분이다. 그러므로 재산을 쌓는 것은 공급하시는 하나님에 대한 불신앙이라고 예수님은 말씀하신다. 왜냐하면 인간은 내일에 대한 염려 때문에 재산을 쌓는 것인데, 하나님의 공급하심을 믿는다면 내일을 염려할 필요가 없기 때문이다. 내일 필요한 것은

하나님 나라와 이혼한 복음

내일 그분이 공급하실 것이므로 인간에게는 오늘의 양식만 있으면 된다.

이스라엘 백성들은 광야에서 하루 먹을 만나만 거두었다. 매일 하나님이 먹이시기 때문에 쌓을 필요가 없었다. 그러므로 재산을 축적하는 것은 하나님에 대한 불신이다. 평행본문인 마태복음 6:33-34은 이렇게 말한다. "그런즉 너희는 먼저 그의 나라와 그의 의를 구하라 그리하면 이 모든 것을 너희에게 더하시리라 그러므로 내일 일을 위하여 염려하지 말라 내일 일은 내일이 염려할 것이요 한 날의 괴로움은 그날로 족하니라." 내일 무엇을 먹고 마실 것인지를 염려하지 말고 하나님 아버지를 신뢰하라고 말한다.

하나님은 우리의 아버지가 되셔서 사랑으로 우리를 보살피신다. 재물을 쌓는 것과 하나님을 신뢰하는 것은 반대 개념이다. 그러므로 예수님은 영생에 대해 질문한 부자 청년에게 재산을 팔아 가난한 자들에게 나누어 주라고 하셨다. 그러면서 부자가 천국에 들어가는 것이 낙타가 바늘귀로 들어가는 것보다 어렵다고 하셨다(마19:16-26).

마태는 먼저 그의 나라와 그의 의를 구하라고 말한다. '의'는 하나님 나라의 핵심 가치이다. 어떤 이들은 여기 '의'를 예수님이 우리에게 주시는 의라며 예수님을 구하는 것이 하나님 나라를 구하는 것이라고 한다. 그러나 이는 문맥에 전혀 맞지 않는 해석이라고 생각한다. 현재의 삶에서 왕국 가치를 추구하는 것은 세상에서 의롭게 사는 것이다. 여기서 의는 관계적 용어이다. 즉, 이웃과의 올바른 관계를 말한다.

이웃이 오늘 당장 먹을 것이 없는데 내일을 위해 쌓아 놓는다면 의를 행하는 것이 아니다. 이웃과의 관계에 의가 없는 것이다. 그뿐만 아니라 하나님과의 관계도 불의하다. "내일에 대한 두려움이 제자들에게는 있을 수 없다. 왜냐하면 오늘뿐 아니라 내일도 온전히 하나님의 주관하에 있기 때문이다."[105] 온전히 하나님을 의지하는 삶을 살며 주위를 살펴 가난한 자들을 돕는 것이 하나님 나라와 그 의를 구하는 것이다. 가난한 사람들을 돕지 않고 재물을 축척만 하는 것은 일용할 양식을 공급하시는 하나님을 신뢰하지 못하는 불신앙이다.

주기도문에서도 "우리에게 일용할 양식을 주옵시고"라고 했다. '오늘의 양식'이다. 내일을 위한 양식, 평생을 위한 더 나아가 자녀들을 위한 양식을 구하라고 하지 않으셨다. 내일을 염려하는 것은 불신앙이라고 책망하신다. 들의 꽃도 하늘의 새도 하나님이 입히고 먹이신다. 통치자의 책임은 백성을 보호하고 먹이는 것이다.

---

[105] Donald A. Hagner, Matthew 1–13, vol. 33A, Word Biblical Commentary, 166.

하나님 나라와 이혼한 복음

우리의 왕이신 하나님은 우리를 보호하시고 먹이시고 입히신다.

그렇다면 엿새 동안은 열심히 일하고 일곱째 날에는 쉬라는 이유가 무엇일까? 많은 의미가 있겠지만 핵심은 하나님의 다스림, 즉 하나님의 공급하심을 믿으라는 것이다. 희년에 가면 그 의미가 더 확실해진다. "만일 너희가 말하기를 우리가 만일 일곱째 해에 심지도 못하고 소출을 거두지도 못하면 우리가 무엇을 먹으리요 하겠으나 내가 명령하여 여섯째 해에 내 복을 너희에게 주어 그 소출이 삼 년 동안 쓰기에 족하게 하리라"(레 25:20-21).

2년간 씨를 뿌리지 않아도 먹고 사는 데 문제가 없도록 하나님께서 책임지신다는 것이다. 안식일, 안식년, 희년의 핵심은 하나님의 은혜, 공급하심을 믿으며 가난한 이웃을 돌보며 살 만한 세상을 만들어 가는 것이다. 그러므로 안식일, 안식년, 희년은 하나님 나라를 만들어 가는 제도적 장치이다. 그러므로 하나님 나라를 구한다는 것은 하나님의 통치, 즉 하나님의 보호와 공급을 신뢰하는 것이다.

바울서신에는 총 12개절에서 '하나님 나라'가 12회 나타난다. 하나님의 나라와 동등한 표현인 '아들의 나라'(골 1:13), '그리스도의 나라'(엡 5:5), '자기 나라'(살전 2:12; 살후 1:5) 등의 표현을 포함한 것이다. 바울은 하나님 나라보다는 '교회'를 더 많이 언급한다.

고린도전서 15:24에서 바울은 예수께서 종말에 나라를 아버지께 바칠 것이라고 한다. "그 후에는 나중이니 저가 모든 정사와 모든 권세와 능력을 멸하시고 나라를 아버지 하나님께 바칠 때라." 이 세상 권세를 물리치고 이 땅에 하나님 나라를 세워 아버지께 바치는 것이 예수님의 사명이라고 말하고 있다.

바울에게 있어 교회는 "이 땅에서 종말론적 부활을 준비하며 영원한 하나님의 나라의 상속을 준비하는 믿음의 공동체가 된다."[106] 골로새서 1:13에 나오는 아들의 나라는 어둠의 나라와 대조를 이룬다. "그가 우리를 흑암의 권세에서 건져 내사 그의 사랑의 아들의 나라로 옮기셨으니." 예수님은 우리를 어둠의 나라에서 그의 나라로 옮기신다. 바울에게 있어 "교회는 하나님 나라의 현재와 미래의 중간에 있는 연결체이다."[107] 교회의 사명은 하나님 나라를 증거하고 그 나라로 인도하는 것이다.

"골로새서에 의하면 모든 교회는 인종과 성, 계급과 민족, 신분의 차별을 그 안에서 종식시킨 하나님 나라의 한 형상이 되어야 한다(골3:11; 갈 3:28)."[108] 바울은 하나님 나라를 교회 안에서 실현

---

106 현경식, "하나님의 나라와 믿음의 공동체─바울서신을 중심으로", 신약논단 제13권 제2호 (2006년 여름) / 377-400.
107 Ibid.
108 Ibid.

하려고 했다. "하나님의 나라는 먹는 것과 마시는 것이 아니요 오직 성령 안에서 의와 평강과 희락이라"(롬 14:17). "하나님의 나라가 오직 성령 안에 있는 의와 평강과 희락이라는 것은 성령의 도우심으로 의와 평강과 희락이 하나님의 나라를 세운다는 것을 의미한다."[109] "평안의 매는 줄로 성령의 하나되게 하신 것을 힘써 지키라"(엡 4:3). 성령은 형제 자매를 하나로 묶어 주는 역할을 한다. 바울 신학의 하나님 나라는 믿음의 공동체이다.

바울은 예수님이 선포하신 '하나님 나라' 보다는 십자가와 부활을 더 강조한다. 유대인의 메시아보다 '보편적 구원자' 예수를 이방인들에게 소개한다. "바울이 '하나님 나라' 를 예수의 파루시아 때에 성도들이 받을 종말론적 유산과 연관시킨다."[110] "불의한 자가 하나님의 나라를 유업으로 받지 못할 줄을 알지 못하느냐 미혹을 받지 말라 음란한 자나 우상 숭배하는 자나 … 토색하는 자들은 하나님의 나라를 유업으로 받지 못하리라"(고전 6:9, 10).
결론적으로 바울이 '하나님 나라' 보다 '하나님의 의' 을 강조하는 이유는 이방인의 사도로서 선택한 선교 전략이라고 할 수

---

109 Ibid

110 정승우. "왜 바울은 하나님 나라에 대해 침묵하는가?", 신약논단 제13권 제2호(2006년 여름) / 401-429.

있다. 바울은 예수의 '하나님 나라'에 관한 가르침들을 잘 알고 있었다(고전 7:10-11, 9:14, 11:23-25, 14:37; 고후12:8-9; 살전 4:15-17; 롬 12:14, 14:14, 13:7). 그러나 그는 선교사로서 유대적 표현인 '하나님 나라'보다 '하나님의 의'라는 그레코로만 문화에 더 친숙한 표현을 사용한다.

요한복음에는 공관복음에 비해 상대적으로 하나님 나라가 적게 나온다. 그러나 요한복음의 구조는 하나님 나라 중심이다. 3장과 18장에 하나님 나라가 나오는 수미상관 구조를 가지고 있다. 또한 요한복음 안에는 히브리 문장 구조인 많은 대칭 구조 (Chiasm)를 발견할 수 있다. 즉 요한은 헬라적 표현들을 많이 사용하지만 구조와 내용에 있어 히브리적이라는 것이다.

요한이 말하는 '영생'은 구약의 관점에서 '오는 세대의 삶'을 말한다. 히브리인 시간은 현재 시대(olam ha-ze / הזה עולם)와 오는 시대(olam ha-ba / הבא עולם) 둘로 나뉜다. 'olam(עולם)'이라는 단어는 '숨기다'를 의미하는 히브리어 'alam(עלם)'에서 파생된 명사이다. 미래의 시간은 현재의 관점에서 '숨겨진 시간'이다. 미래가 아직 도착하지 않았기 때문에 알려지지 않은 시간이며 숨겨진 영역이다. 그리스어로 '영생(ζωή αἰώνιος)'은 히브리어 '올 세대의 삶'을 번역한 것이다. 그러므로 그것은 단지 시간의 연장만을 의

하나님 나라와 이혼한 복음

미하는 것이 아니라 하나님께서 다스리시는 '다가오는 세대', 즉 구원 시대의 삶을 의미한다.

신명기 30:15에서 모세는 죽음을 앞두고 모압에서 가나안을 바라보며 이스라엘 백성들에게 이렇게 말한다. "보라 내가 오늘 생명과 복과 사망과 화를 네 앞에 두었나니." 신명기 본문에서 '생명'은 요한복음의 '영생'과 동일한 것이다. 영생은 하나님과의 언약을 지켜서 하나님의 축복 아래 형제가 우애하며 평화롭게 살아가는 것이다.

사도행전 2:43-47과 4:32-37을 보면 초기 교회는 '영생'의 의미를 잘 이해하고 있었다. 그들은 많은 재산을 공유하고 또 재산을 팔아 가난한 자들에게 나누어 주며 '영생 공동체'인 '하나님 나라'를 이루어 갔다. 초기 교회는 예수님이 가르치신 '영생'을 '하나님 나라'에서 분리하여 생각하지 않았으며 그 나라가 어떤 것인가를 교회 안에서 보여 주었다.

반면 플라톤의 '영원'은 무시간적 개념이다. 그러나 요한복음과 요한서신의 '영생'은 시간적인 영속성을 배제하지는 않으나 질적인 면을 더 강조하고 있다. 요한이 말하는 '영생'은 관계적 언어이다. 하나님과의 관계, 이웃과의 원만한 관계를 중요시한다. 요한복음 17:3절에서 영생을 이렇게 말한다. "영생은 곧 유일하신 참 하나님과 그의 보내신 자 예수 그리스도를 아는 것이니다." 여기서 '영생'은 분명히 관계적 언어이다.

예수님은 요한복음 11:25-26에서 마르다에게 이렇게 말씀하셨다. "예수께서 이르시되 나는 부활이요 생명이니 나를 믿는 자는 죽어도 살겠고 무릇 살아서 나를 믿는 자는 영원히 죽지 아니하리니 이것을 네가 믿느냐." 이 구절의 해석은 어렵다. 25절은 부활을 의미한다는 것에 대한 신학자들의 일치가 있는 것 같다. 그러나 "살겠고"를 "계속 살 것이다"라고 번역할 수도 있다고 한다.[111] 26절은 하나님 나라의 생명을 가지고 있고 예수를 믿는 모든 자가 결코 죽지 않을 것이라고 주장하는 것 같다.[112]

"영원히"는 "에이스 톤 아이오나(eis ton aiona)"이다. "그 세대까지(until the age)"라고 번역할 수 있다. '그 세대', 즉 '오는 세대(하나님 나라)'가 임박한 것을 의미할 수도 있다. "이 구절은 '다음 세대'가 올 때까지 죽은 상태로 있지는 않을 것이라는 의미이다."[113] '영생'은 이미 시작된 것이다. 완성된 하나님 나라에 들어갈 때까지 기다리거나, 죽음 이후까지 기다릴 필요 없이 이미 '영

---

111 George and Murray Beasley, 「요한복음 」, 「WBC 성경주석」, 410.
112 Ibid., 411.
113 김회권, 「하나님 나라 신학으로 읽는 요한복음」, 460.

생'을 누리며 살수 있다는 것이다. "여기서도 '죽지 않고'의 의미는 처음부터 영원히 죽지 않고 새 하늘과 새 땅으로 곧바로 들어간다는 것은 아니다."[114] 육체적 죽음이 없다는 말이 아니다. 하나님 나라, 즉 영생 공동체는 이미 우리 가운데 임하였고 미래에 완성될 것이다.

"아버지께서 아들에게 주신 모든 사람에게 영생을 주게 하시려고 만민을 다스리는 권세를 아들에게 주셨음이로소이다"(요17:2). "예수님의 영생은 구약적 이상(vision)의 실현이었으며 공관복음에서는 '하나님 나라' 복음으로 다르게 표현되었다. 요한복음의 영생은 현실에서 실현 가능한 공동체적 삶의 양식이라는 사실을 아는 것이 중요하다."[115]

요한서신은 요한복음과 유사성을 가지고 있다. 요한복음의 서론과 요한1서의 서론은 매우 흡사하다.

태초부터 있는 생명의 말씀에 관하여는 우리가 들은 바요 눈으로 본 바요 자세히 보고 우리의 손으로 만진 바라 이 생명이 나타내신 바 된지라 이 영원한 생명을 우리가 보았

---

114 Ibid.
115 Ibid., 498.

고 증언하여 너희에게 전하노니 이는 아버지와 함께 계시다가 우리에게 나타내신 바 된 이시니라 우리가 보고 들은 바를 너희에게도 전함은 너희로 우리와 사귐이 있게 하려 함이니 우리의 사귐은 아버지와 그의 아들 예수 그리스도와 더불어 누림이라 우리가 이것을 씀은 우리의 기쁨이 충만하게 하려 함이라(요일1:1-4)

요한은 예수 그리스도가 영생이라고 한다. "또 증거는 이것이니 하나님이 우리에게 영생을 주신 것과 이 생명이 그의 아들 안에 있는 그것이니라 아들이 있는 자에게는 생명이 있고 하나님의 아들이 없는 자에게는 생명이 없느니라 내가 하나님의 아들의 이름을 믿는 너희에게 이것을 쓰는 것은 너희로 하여금 너희에게 영생이 있음을 알게 하려 함이라"(요일5:11-13). "그가 우리에게 약속하신 것은 이것이니 곧 영원한 생명이니라."(요한1서 2:25). 예수 안에 영생이 있고 아들이 있는 자는 이 생명을 가지고 있다. 이 영생을 소유한 자들은 새 계명을 지킬 의무를 지닌다.

"사랑하는 자들아 내가 새 계명을 너희에게 쓰는 것이 아니라 너희가 처음부터 가진 옛 계명이니 이 옛 계명은 너희가 들은 바 말씀이거니와 다시 내가 너희에게 새 계명을 쓰노니 그에게와 너희에게도 참된 것이라 이는 어둠이 지나가고 참빛이 벌써 비침이니라"(요일 2:7-8). 요한은 새 언약의 백성이 지켜야 할 새 계명이 서로 사랑하는 것이라고 한다.

"빛 가운데 있다 하면서 그 형제를 미워하는 자는 지금까지 어둠에 있는 자요 그의 형제를 사랑하는 자는 빛 가운데 거하여 자기 속에 거리낌이 없으나 그의 형제를 미워하는 자는 어둠에 있고 또 어둠에 행하며 갈 곳을 알지 못하나니 이는 그 어둠이 그의 눈을 멀게 하였음이라"(요일 2:9-11). "사랑하는 자들아 우리가 서로 사랑하자 사랑은 하나님께 속한 것이니 사랑하는 자마다 하나님으로부터 나서 하나님을 알고 사랑하지 아니하는 자는 하나님을 알지 못하나니 이는 하나님은 사랑이심이라"(요일 4:7-8). "하나님을 '아는 것'은 정확한 사고 과정의 문제가 아니라 순수하게 영적인 관계성의 문제다."[116]

신앙은 하나님과의 관계, 형제들과의 관계의 문제이다. 요한1서에서 사도 요한은 '영생 공동체'를 말하고 있다. 예수의 생명을 소유한 영생 공동체는 서로 사랑하는 공동체이다. "사귐(κοινων ία- 코이노니아)은 신학적으로 매우 다양하게 중요한 용어. 헬라어 원어의 원 의미는 '소유권에 동참하다' 혹은 '파트너십'을 의

---

116 George and Murray Beasley, 「요한복음」, 「WBC 성경주석」, 109.

미한다."[117] '사귐'은 '상호 나눔'을 의미한다. 시편 133편의 이스라엘 공동체와 같은 것이다. 그러므로 요한은 새 계명을 말하면서 새 계명이 옛 계명과 동일하다고 한다.

시편 133편의 '영생'은 12지파가 서로 사랑하며 섬기며 살아가는 '이스라엘 영생 공동체'이며, 요한이 말하는 '영생'은 '새 이스라엘 영생 공동체'이다. 형제를 사랑하지 않고 미워하는 자는 하나님을 알지도 못하는 자라고 한다. "우리는 형제를 사랑함으로 사망에서 옮겨 생명으로 들어간 줄을 알거니와 사랑하지 아니하는 자는 사망에 머물러 있느니라 그 형제를 미워하는 자마다 살인하는 자니 살인하는 자마다 영생이 그 속에 거하지 아니하는 것을 너희가 아는 바라"(요일3:14-15). 형제를 사랑하지 않는 자는 영생도 없고 하나님을 알지도 못하는 자이다.

요한이 이런 말을 하는 이유는 무엇일까? 헬라 철학의 중심지에서 매우 가까운 에베소에서 목회하던 요한이 직면한 문제는 무엇일까? 그 단서를 우리는 요한1서 4장에서 찾을 수 있다.

사랑하는 자들아 영을 다 믿지 말고 오직 영들이 하나님께
속하였나 분별하라 많은 거짓 선지자가 세상에 나왔음이라

---

117 Stephen S. Smalley, 『WBC 성경주석 요한 1, 2, 3서』, 조호진 역 (서울: 솔로몬, 2005), 57.

이로써 너희가 하나님의 영을 알지니 곧 예수 그리스도께서 육체로 오신 것을 시인하는 영마다 하나님께 속한 것이요 예수를 시인하지 아니하는 영마다 하나님께 속한 것이 아니니 이것이 곧 적그리스도의 영이니라 오리라 한 말을 너희가 들었거니와 지금 벌써 세상에 있느니라 자녀들아 너희는 하나님께 속하였고 또 그들을 이기었나니 이는 너희 안에 계신 이가 세상에 있는 자보다 크심이라 그들은 세상에 속한 고로 세상에 속한 말을 하매 세상이 그들의 말을 듣느니라(요일 4:1-5)

"아마도 요한은 바로 이 부분에서 그의 공동체 구성원들 가운데 성육신을 부인하던 일부 성도들의 영지주의적인 성향에 대해 의식적으로 저항해야 할 필요성을 느끼고 있었던 것 같다."[118] 사도 요한이 이 서신을 쓴 가장 큰 이유는 영지주의자들의 공격 때문이다. 기독교 영지주의는 헬라 철학의 한 주류인 영지주의에 기독교적 색을 입힌 것이다.

영은 선하고 육체는 악하다고 생각하는 헬라 철학은 예수 그리스도의 성육신을 받아들일 수 없다. 하나님의 선한 영이 악한 육

---

[118] Stephen S. Smalley, 「WBC 성경주석 요한 1, 2, 3서」, 54.

체를 입을 수 없기 때문이다. 가현설 또는 도케티즘(Docetism)은 헬라어로 '보이다'라는 뜻인 '도케오(δοκέω)'가 어원이다. 예수의 몸은 환상일 뿐이라는 영지주의 교리이다. 또한 영지주의자들에게 창조주 하나님은 아주 저급한 신이다. 왜냐하면 악한 물질을 창조했기 때문이다. 영지주의자들이 교회에 침투하여 들어와 교회를 어지럽혔다. 그들은 사도들의 말도 듣지 않았다. 그들은 '영생'을 소유했다고 말하지만 영생과는 아주 먼 언행을 했다. 영생 공동체를 세우는 것이 아니라 파괴했다.

"우리는 하나님께 속하였으니 하나님을 아는 자는 우리의 말을 듣고 하나님께 속하지 아니한 자는 우리의 말을 듣지 아니하나니 진리의 영과 미혹의 영을 이로써 아느니라 사랑하는 자들아 우리가 서로 사랑하자 사랑은 하나님께 속한 것이니 사랑하는 자마다 하나님으로부터 나서 하나님을 알고 사랑하지 아니하는 자는 하나님을 알지 못하나니 이는 하나님은 사랑이심이라"(요일 4:6-8). 영지주의자들은 포도원을 허는 여우들이었다. 신비한 빛의 비침을 받고 영적 깨달음을 가졌다고 하면서 교회 지도력에 순종하지도 않고 형제를 사랑하지도 않았다. 요한은 이런 상황에서 영지주의자들을 내치면서 교회는 '영생 공동체', '사랑 공동체'임을 강조한다.

아이러니컬한 것은 이런 요한복음과 요한서신에서 우리는 영지주의적이고 이원론적인 구원을 주장하고 있다는 점이다. "미혹하는 자가 세상에 많이 나왔나니 이는 예수 그리스도께서 육체로 오심을 부인하는 자라 이런 자가 미혹하는 자요 적그리스도니"(요한2서 1:7). 요한은 그리스도의 성육신을 부정하고 영혼의 구원만을 주장하는 자들을 적그리스도라고 한다. 그런데 우리의 구원론은 단지 영혼이 구원받아서 하늘나라에서 영원히 사는 것처럼 보인다. 영혼 구원만 중요하게 여길 뿐, 몸의 구속과 피조물의 회복을 거의 언급하지 않는다. 우리의 구원론은 영지주의 구원론과 별다를 것이 없다. 아마도 우리는 요한의 저작 의도와 전혀 다른 구원론을 말하고 있는 것 같다.

요한계시록의 주제는 '완성된 하나님 나라'이다. 4장에서 요한은 환상 가운데 하나님의 보좌를 보게 된다. "하늘에 보좌를 베풀었고 그 보좌 위에 앉으신 이가 있는데"(계 4:2). 그 보좌에 앉으신 분은 창조주 하나님이시다. "우리 주 하나님이여 영광과 존귀와 능력을 받으시는 것이 합당하오니 주께서 만물을 지으신지라 만물이 주의 뜻대로 있었고 또 지으심을 받았나이다 하더라"(계 4:11). 사자, 소, 사람, 독수리 같은 모든 피조물의 대표자들과 24장로들이 보좌에 앉으신 창조주 하나님을 찬양하고 있다. 12장에서는 '붉은 용', 하나님의 대적자 사탄이 세상을 미혹하여 통치하고 있다. 지상에서는 사탄의 도구인 로마 황제가 황제 숭배를 강요하며 하나님의 영광을 가로채고 있다.

요한은 하나님께서 사탄의 왕권을 파하고 하나님의 왕권을 세우기 위해 세상에 오실 것이라고 한다. "일찍이 죽임을 당하사 각 족속과 방언과 백성과 나라 가운데에서 사람들을 피로 사서 하나님께 드리시고 그들로 우리 하나님 앞에서 나라와 제사장들을 삼으셨으니 그들이 땅에서 왕 노릇 하리로다 하더라"(계 5:9-10). 어린양 예수께서 다시 오셔서 성도들과 함께 왕 노릇 하실 것이라고 한다. "가로되 세상 나라가 우리 주와 그 그리스도의 나라가 되어 그가 세세토록 왕 노릇 하시리로다 하니"(계 11:15). 주께서 이 땅을 온전히 회복하시기 위해 속히 오시겠다고 말씀하신다.

"이것들을 증거하신 이가 가라사대 내가 진실로 속히 오리라 하시거늘 아멘 주 예수여 오시옵소서"(계 22:20). 우리의 구원이 하늘에서 끝나는 것이 아니다. 주님은 이 땅에 속히 다시 오시겠다고 말씀하신다. 죽음과 부활을 통하여 그리스도는 이미 사탄의 권세를 꺾으셨다. 12장에 보면 보좌에 앉으신 그리스도께서 사탄을 땅으로 던져 버리신다.

로마 제국의 권세인 '짐승'과 팍스 로마나(pax romana) 음녀 바벨론은 교회를 핍박하지만 교회는 열방을 하나님께 인도하게 될 것이다. 사탄도 그리스도를 따르지 않는 자들을 모아 계속하여

하나님 나라와 이혼한 복음

교회를 대적할 것이다. "저희가 어린양으로 더불어 싸우려니와 어린양은 만주의 주시요 만왕의 왕이시므로 저희를 이기실 터이요 또 그와 함께 있는 자들 곧 부르심을 입고 빼내심을 얻고 진실한 자들은 이기리로다"(요한계시록 17:14). 용으로 묘사된 사탄은 사로잡혀서 무저갱에 천 년간 갇히게 된다.

이 기간에 순교당한 자들이 부활하여서 그리스도와 함께 이 땅을 다스리게 된다. 그 후에 사탄은 풀려나서 마지막 전쟁인 곡과 마곡의 전투를 일으켜 하나님의 백성을 대적하지만 결국 불못에 영원히 던져질 것이다. 사탄과 함께 사망은 멸망당한다. 그 후에 모든 죽은 자들의 부활과 심판이 있을 것이다(20:1–10). 드디어 21장에서 '새 하늘과 새 땅'이 펼쳐지며 거룩한 성 '새 예루살렘'이 하늘에서 내려온다. 이것이 하나님 나라의 완성이다(계 21:1–22:5).

> 또 저가 수정같이 맑은 생명수의 강을 내게 보이니 하나님과 및 어린양의 보좌로부터 나서 길 가운데로 흐르더라 강 좌우에 생명 나무가 있어 열두 가지 실과를 맺히되 달마다 그 실과를 맺히고 그 나무 잎사귀들은 만국을 소성하기 위하여 있더라 다시 저주가 없으며 하나님과 그 어린양의 보좌가 그 가운데 있으리니 그의 종들이 그를 섬기며 그의 얼

굴을 볼 터이요 그의 이름도 저희 이마에 있으리라 다시 밤이 없겠고 등불과 햇빛이 쓸데없으니 이는 주 하나님이 저희에게 비춰심이라 저희가 세세토록 왕 노릇 하리로다(계 22:1-5)

새 예루살렘에는 성전이 없다. 하나님과 어린양이 성전이다. 어린양의 보좌로부터 '생수의 강'이 흘러 강 좌우에 있는 생명 나무가 매달 열매를 내어 열두 가지 실과를 맺고 이 나무의 잎사귀로 인해 만국이 소생하게 될 것이다. 어린양의 영광이 온 성을 밝힐 것이다. 더 이상 죽음이 없고 생명의 충만함만 있을 것이다.

성경의 이야기는 창조로 시작하여 새 창조로 끝난다. 성경의 이야기는 결코 저 하늘 위에서 끝나지 않는다. 하나님께서 이 땅을 타락 이전의 상태로 회복하실 것이다. 아니, 그보다 더 발전된 완벽한 상태로 회복하실 것이며 어린양과 함께 영원히 다스릴 것이다. 우리도 그 통치에 참여하게 될 것이다. 우리는 그때까지 완성될 하나님 나라를 바라보며 그 나라를 앞당겨 맛보며 살아가야 한다.

"그의 아버지 하나님을 위하여 우리를 나라와 제사장으로 삼으신 그에게 영광과 능력이 세세토록 있기를 원하노라 아멘"(계 1:6). 이 말씀은 출애굽기 19:6과 연관이 있다. "너희가 내게 대하여 제사장 나라가 되며 거룩한 백성이 되리라 너는 이 말을 이스라엘 자손에게 고할찌니라." 이사야 61:6도 "오직 너희는 여호와의 제사장이라 일컬음을 얻을 것이라"고 한다.

요한계시록 20:6에서 "순교자의 제사장 직분"을 언급한다. "히에류스(lέρεψ)라는 용어는 요한계시록에 세 번 나오는데(1:6: 5:10: 20:6: 앞의 두 절은 출애굽기 19:6을 암시한다) 각각의 예에서 이 용어는 복수로 사용되어 그리스도인의 신분을 묘사한다."[119] 우리는 하나님의 '거룩한 백성'이며 '제사장 나라'이다. 하나님께서 우리를 하나님 나라 백성 삼으시고 우리를 통하여 열방이 주께 돌아오기를 원하신다.

2. 교회의 원형 : 종말론적 하나님 나라 백성 공동체

복음의 원형을 찾는 것만큼 교회의 원형을 찾는 것도 중요하다. 왜냐하면 복음이 교회의 정체성을 결정하기 때문이다. 복음과 교회는 분리될 수 없다. 교회의 사명은 복음을 전하는 것이다. 교회는 한마디로 하나님 나라 백성 공동체이다. 그런데 그 공동체는 종말론적이다. "누가복음의 주제인 하나님의 나라가 사도행전에 한시적으로 언급되는 것으로 끝나지 않고 마지막 장면에

---

119 David E. Anne, 「요한계시록 1–5」, 김철 역 (서울: 솔로몬, 2003), 685.

서까지 줄곧 나타나는 것은 두 문서가 강력한 결속력을 유지하고 있음을 시사한다."[120] 누가복음과 마찬가지로 사도행전의 대주제도 하나님 나라이다.

하나님 나라는 사도행전에서 수미상관(inclusio)의 구조를 띠고 있다. 1장 3절과 28장 31절은 대칭을 이룬다. 교회는 하나님 나라 백성 공동체이다. 그런데 현재적 하나님 나라는 다가올 하나님의 나라를 바라보고 있다. 그러므로 하나님의 나라는 필연적으로 종말론적이다. 교회는 완성될 하나님 나라를 바라보는 하나님 나라 백성 공동체이다. 이 땅에 최초로 세워진 예루살렘 교회의 모습을 사도행전 2:43-47은 이렇게 묘사한다.

> 사람마다 두려워하는데 사도들로 말미암아 기사와 표적이 많이 나타나니 믿는 사람이 다 함께 있어 모든 물건을 서로 통용하고 또 재산과 소유를 팔아 각 사람의 필요를 따라 나눠 주며 날마다 마음을 같이하여 성전에 모이기를 힘쓰고 집에서 떡을 떼며 기쁨과 순전한 마음으로 음식을 먹고 하나님을 찬미하며 또 온 백성에게 칭송을 받으니 주께서 구원받는 사람들을 날마다 더하게 하시니라(행 2:43-47)

---

120 윤철원, "사도행전 읽기와 하나님 나라의 상관성," 「신약논단」, 제21권 제1호 (2014): 91.

예루살렘의 첫 그리스도인들은 하나님 나라의 복음을 말로만 전하지 않았다. 그들은 교회를 하나님 나라로 바꾸었고 그 나라를 보여 주며 천국복음을 증거했다. 복음을 열심히 증거하는 것이 매우 중요하지만 그보다 더 중요한 것은 교회를 교회답게 하는 것이다. 그들은 복음을 말로만 전하지 않았다. 하나님 나라 복음이 무엇인지 교회를 통하여 보여 주었다. 초기 교회 그리스도인들의 가장 큰 특징은 구별된 하나님의 백성으로서의 가치를 살아낸 것이다. 그들은 하나님 나라의 가치를 그들의 삶에서 실천해 냈으며 교회를 '천국 모델 하우스'로 바꾸었다.

사도행전 2장에서 베드로는 오순절 설교에서 사람들을 초청한다. "예수 그리스도의 이름으로 세례받고 죄사함을 받으라"(행 2:38). 세례받는다는 것은 예수 운동에 동참하는 것이다. 예수 운동은 하나님 나라 운동이다. 그러므로 라이트는 세례를 "새 출애굽의 표지"[121]라고 한다. 세례는 새 시대로의 진입을 의미한다. 새 시대는 하나님 나라와 연관된다. 베드로는 계속하여 "이 패역한 세대에서 구원을 받으라"(행 2:40)고 한다. "구원은 단순히 '천국(영생)' 가는 것이 아니다. 물론 이 약속도 포함되지만, 구원은 죽은 후 천국에 가는 것만이 아니라 그것을 넘어서 부활하여 하나님의

---

[121] Tom Wright, 「모든 사람을 위한 사도행전」, 양혜원 역 (서울: IVP, 2012), 71.

새 창조에 들어가는 것이다."[122] 세례받고 구원받은 자들은 예수 공동체, 하나님 나라 백성 공동체로 부름받은 것이다.

라이트는 사도행전 2장 42절에서 '교회의 네 가지 표지'를 찾는다. "그들이 사도의 가르침을 받아 서로 교제하고 떡을 떼며 오로지 기도하기를 힘쓰니라." "그 네 가지는 사도들의 가르침, 신자들의 공동 생활, 빵을 떼는 일, 기도다. 이 네 가지는 함께 간다. 서로 분리될 수 없고 하나라도 빠뜨리면 다른 모든 것이 타격을 입는다." 이 중에 신자들의 공동체 생활은 핵심적이다. 초기 신자들은 공동체를 이루었다. 교회는 마치 확장 가족 같았다.

예루살렘 교회의 특징은 두 단어에서 잘 나타난다. '두려움' 과 '칭송' 이다. 사도들을 통해 많은 기적이 일어났기 때문에 교회를 두려워했다. 여기서 두려움은 무서움보다 경외함을 더 의미한다. 여기에 나오는 '기적과 표적' 은 종말론적 사건이다. "그러한 강력한 역사는 다가오는 '주의 날'(참조, 19-20절)의 표시였다."[123] 예루살렘 교회에서 일어난 기적은 종말론적인 하나님 나라를 가리키는 표지판, 사인(sign)이다.

---

122 Ibid., 72.

123 David G. Peterson, The Acts of the Apostles, The Pillar New Testament Commentary (Grand Rapids: Michigan, Wm. B. Eerdmans Publishing Co., 2009), 162.

하나님 나라와 이혼한 복음

"사도행전에 나타난 이러한 기적들은 계속해서 예수님의 사역을 기억하고 하나님 나라 메시지의 현재적 측면을 실제적으로 보여 주었다. 이런 이적과 기사들은 왕이 행차하시기 전에 '강한 자'를 결박하는 것을 가리킨다 … 마귀는 자기 소유물을 다 빼앗겼다(마 12:20; 눅 11:22)."[124] 초대 교회는 미래를 앞당겨 현실에서 종말론적 사건들을 경험하며 살았다. 교회는 하나님 나라를 세상에 보여 주는 거울과 같은 것이다. 슬픔도 고통도 질병도 없는 천국을 보여 주는 곳이다. 하나님 나라를 부분적으로 맛보고 있는 우리는 모든 질병을 다 고칠 수 없다. 그러나 하나님 나라가 임할 때 어둠의 나라가 물러나는 것을 보여 주어야 한다.

'칭송'은 성도들의 나눔의 삶 때문이다. 그들은 재산을 팔아 가난한 자들에게 나누어 주었다. 이것은 누가복음 12:33-34; 18:2의 예수님의 가르침을 실천한 것으로 보인다. 사도들과 예루살렘 교회는 예수님의 가르침을 기억했고 그 가르침을 적용했다. 사람들이 반드시 자신의 재산 전체를 처분할 필요는 없고 그 일부만을 처분한 것으로 보인다. 신자들은 계속 자신의 집을 유지하고 교회의 다른 사람들의 유익을 위해 사용했다.

---

124 Arthur Glasseer, 「성경에 나타난 하나님의 선교」, 445–6.

"당시 초대 그리스도인들은 최초로 공동 생활을 시도한 유대인들이 아니다. 가장 많이 알려진 다른 예는 사해사본에 나오는데, '의의 스승'이라는 인물을 중심으로 형성된 '언약 공동체'에 대한 설명을 볼 수 있다."[125] 그들은 자신들의 공동체가 예레미야와 에스겔이 말한 '새 언약'의 실현이라고 해석했으며, 신명기의 약속이 자기들에게 성취되었다고 보았다.

신명기 15장에 나오는 7년마다 빚 탕감의 정신이 그들의 공동체에서 실현되었다고 보았다. 이스라엘은 타락하여 더 이상 하나님의 백성이 아니고 자신들이 언약의 백성임을 선포한 것이다.[126] "한 공동체가 돈과 소유를 가지고 하는 일을 보면 그들이 어떤 공동체인지 분명하게 드러나는데, 초대 교회는 이런 실천을 통해 자신들의 정체성을 분명하고 확실하게 선언하는 것이다."[127] 초대 교회는 자신들의 정체성을 잘 알고 있었다. 그들은 그들의 재산을 '하나님 나라 백성 공동체'의 정체성을 위해 사용했다.

"쿰란 커뮤니티 회원들 사이에서 발견된 것과 같은 재산의 공

---

125 Tom Wright, 「모든 사람을 위한 사도행전」, 115.
126 Ibid.
127 Ibid., 118.

하나님 나라와 이혼한 복음

동 소유권에 관한 규칙은 없었다."[128] 사도행전 4:32에서 5:11절을 보면 그들은 자발적으로 재산을 팔아 나누었다. 예루살렘 교회의 나눔은 누구의 강요에 의해서 된 것이 아니라 순전히 자발적 행동이다. 자발적 희년의 실행으로 보아야 한다. 자발적이지만 그것은 흔한 일이 아니었으며, 자기 헌신의 기초에서 이해되어야 한다. 피터슨(Petersons)은 말한다. "이러한 경험이 모든 신자나 현대 교회의 삶에서 단순히 재현되어야 한다고 주장하는 것은 합당하지 않다."[129] 초대 교회 모습 그대로 되돌아가는 것은 거의 불가능해 보인다. 우리는 초대 교회로부터 원리와 가치들을 배우고 오늘 우리 교회에 적용해야 한다.

"사도행전을 교회 성장 교과서로 생각하는 열성분자들은 누가가 원래 교회 성장보다는 자유하게 하는 믿음, 새로운 믿음이 종교적, 인종적, 그리고 국가적 장벽을 넘어섰다는 것에 더 관심을 두었다는 사실을 망각하는 경향이 있다."[130] 누가는 교회의 성장보다는 교회 구성원들에게 더 관심을 가졌다. "누가가 주목한 것

---

128 David G. Peterson, The Acts of the Apostles, The Pillar New Testament Commentary, 163.
129 Ibid., 165.
130 Arthur Glasseer, 「성경에 나타난 하나님의 선교」, 444.

은 교회에 들어온 사람들의 다양성에 있었다. 교회 안으로 모든 세대들, 남성과 여성, 유대인과 헬라인, 개인들과 가족 집단들, 잘난 사람들과 못난 사람들, 다양한 직업들을 가진 사람들, 새로 믿음을 가지게 된 덕망 있고 영향력 있는 사람들이 들어왔다."[131]

초대 교회는 다인종, 다문화 공동체로 하나님 나라 백성의 새 문화를 만들어 갔다. "회중들은 동질 집단이라기보다는 이질 집단인 경우가 더 많았다. 누가는 하나님 나라의 복음이 어떻게 종교, 인종, 신분, 성, 그리고 편견을 극복하고 '흩어진 하나님의 자녀를 모아 하나가 되게' 하였는지 보여 주기를 열망하였다(요 11:52)."[132] 교회 성장학자들은 '동질 집단'이 교회 성장에 유리하다고 하지만 초대 교회는 이질 집단의 통합체였다.

초대 교회의 이미지는 천국을 가시적으로 보여 주는 '종말론적 식탁 공동체'였다. "로핑크가 1세기 교회의 특징을 대조사회(contrast-society)라고 한 것처럼 교회나 그리스도인들이 세상과 대조되는 삶의 방식 즉 예수님의 식탁 교제를 실천한다면, 인격적인 만남이 이루어지고 소통과 관계가 형성되며, 치유와 가족공동체를 경험하고 크고 작은 하나님 나라의 경험이 일상에서 이루어

---

131 Ibid., 444-5.
132 Ibid., 445.

하나님 나라와 이혼한 복음

지는 기쁨이 있게 될 것이다."[133] 초대 교회는 확장 가족이었다. 그곳에서는 세상과 전혀 다른 교제와 치유가 있었다.

"함께"(행 2:44, 46) 있었다는 말은 "그들의 일반적인 집회뿐만 아니라 그들의 교제의 질을 가르쳐 준다."[134] 그들이 함께한 것이 시공간적 의미를 갖지만 한마음과 한뜻이 되었다는 의미가 있다. "누가가 여기서 사용한 헬라어는 피타고라스 학파를 비롯한 다른 집단들이 이상적인 유토피아적 공동체를 위해 사용했던 언어이다."[135] 그런데 그 공동체는 종말론적 특성을 가지고 있다. 한 식탁에 가난한 자와 부한 자가, 종과 상전이 함께 앉아 같은 음식을 먹었다. 이것은 종말론적 어린양의 혼인 잔치를 연상케 한다(계 19:6-8). 초대 교회는 예수의 피로 구속받고 깨끗해진 하나님의 백성들이 모여 앉아 어린양의 혼인 잔치를 앞당겨 맛본 것이다.

예수님이 선포한 하나님 나라는 '영원 세계'가 '시간 세계' 속으로 침투되어 들어온 것을 의미한다. 라이트는 예수님의 부활을 "하나님이 이제 세상에서 성취하실 일의 원형이 드러난 사건"[136]이라

---

133 김난예, "기독교교육 방법에서 밥상공동체의 교육적 가치," 「기독교교육논총」, 제46집 (2016): 74.

134 Geoge Ladd, 「신약신학」, 453.

135 John H. Walton외 3인, 「IVP 성경배경 주석」, 이혜영 편 (서울: 한국기독학생회출판부, 2010), 1586.

136 Tom Wright, 「마침내 드러난 하나님 나라」, 361.

한다. 예수님의 십자가와 부활을 통하여 하나님 나라는 이 세상 속으로 들어왔다. 초대 교회는 미래에 다가올 완성된 하나님 나라를 미리 맛보며 사모하며 기다리는 하나님 나라 백성 공동체였다. 초대 교회는 '실현된 하나님 나라'를 맛보기로 보여 준다. 그러나 '실현된 종말론'은 '미래적 종말론'을 대치하지 않는다. 초대 교회의 식탁 공동체는 종말론적으로 다가올 하나님 나라를 미리 앞당겨 세상에 보여 주는 맛보기였다.

고린도전서 11장 22-30절은 고린도교회의 문제 하나를 다루고 있다. "너희가 먹고 마실 집이 없느냐 너희가 하나님의 교회를 업신여기고 빈궁한 자들을 부끄럽게 하느냐 … 그러므로 너희 중에 약한 자와 병든 자가 많고 잠자는 자도 적지 아니하니." "주의 상을 더럽힌 자들의 많은 수가 죽음의 잠을 자고 있다."[137]

여기서 '잠들었다'는 말은 죽었다는 것이다. 이 구절은 이해하기 힘든 성경 구절 중의 하나이다. 고린도 교회의 부자들이 범한 실수는 단지 자기들이 가져온 음식을 시간을 좀 앞당겨서 다른 사람들보다 먼저 먹은 것뿐이다. 그런데 하나님께서는 그 일로 그

---

137 Archibald Robertson, Comentario al Texto Griego del Nuevo Testamento, Santiago Escuanin, 448.

하나님 나라와 이혼한 복음

들을 육체적으로 정신적으로 병들게 하셨고, 시범 케이스로 그들 중 몇 명의 목숨을 거두셨다. 이것은 평범한 일이 아니고 그들이 엄청난 잘못을 저질렀다는 것이다.

무슨 실수를 했는가? "그러므로 누구든지 주의 떡이나 잔을 합당하지 않게 먹고 마시는 자는 주의 몸과 피에 대하여 죄를 짓는 것이니라"(고전 11:27). 바울은 고린도의 부자 형제들이 주의 몸과 피에 죄를 지었다고 한다. "이 선포는 말과 행동 둘 다를 언급할 수 있지만, 문맥상 바울의 강조는 후자, 즉 식사를 준수하는 방식에 달려 있는데, 이는 다른 사람들에 대한 예수의 죽음의 의미와 중요성을 선포하지 못했다."[138]

부자와 가난한 자가 한 상에 같이 앉아 함께 음식을 먹음으로 하나님 나라를 보여 주었던 성찬의 의미를 훼손한 것이다. "서로를 향한 그들의 행동은 다른 사람들을 위한 그리스도의 자기 내어 주심의 죽음(Christ's self-giving death for others)의 방식을 반영하지 못했다."[139] 하나님의 자기 내어 주심인 성찬의 의미를 훼손

Mark Taylor, 1 Corinthians, ed. E. Ray Clendenen, vol. 28, The New American Commentary (Nashville, TN: B&H Publishing Group, 2014), 274.

Roy E. Ciampa and Brian S. Rosner, The First Letter to the Corinthians, The Pillar New Testament Commentary (Grand Rapids, MI; Cambridge, U.K.: William B. Eerdmans Publishing Company, 2010), 553.

하고 교회의 본질적 이미지를 깨뜨린 것이다. 교회로 하여금 천국 복음을 더 이상 전하지 못하게 만든 것이고, 교회의 정체성을 잃어버리게 한 것이므로 죽어 마땅한 짓을 했다.

교회는 하나님 나라 백성 공동체이다. 그리고 그 공동체는 종말론적이다. 완성될 그 나라를 바라보며 오늘을 사는 공동체이다. "그(바울)는 식사 중에 행한 행동이 주님의 죽음을 선포하지 않는다고 믿기 때문에 그 식사가 주의 만찬이 아니라고 말한다 (11:20)."[140] 주의 몸인 교회를 하나되게 하지 못하고 하나님 나라를 드러내지 못하는 것은 주의 만찬이 아니며, 주님을 본받는 것도 아니다. 왜냐하면 아직도 주님의 죽으심의 의미를 모르기 때문이다. 오늘날 우리는 성찬이 아닌 성찬을 하며, 교회가 아닌 교회를 하고 있지 않은가? 교회는 성찬 공동체이다. 초기 그리스도인들은 종과 상전이, 흑인과 백인이, 가난한 자와 부요한 자가 한 식탁에 앉아 한 음식을 같이 먹었다. 이것이 교회다.

고린도 교회는 또 하나의 문제를 가지고 있었다. 고린도전서 6:1-11에 교회 안에서 형제들끼리 일어난 송사 문제를 다룬다. 왜

---

[140] Mark Taylor, 1 Corinthians, ed. E. Ray Clendenen, vol. 28, The New American Commentary, 274.

하나님 나라와 이혼한 복음

문제를 교회 안에서 해결하지 못하고 세상 법정에 가져가느냐는 것이다. "성도가 세상을 판단할 것을 너희가 알지 못하느냐 세상도 너희에게 판단을 받겠거든 지극히 작은 일 판단하기를 감당하지 못하겠느냐 우리가 천사를 판단할 것을 너희가 알지 못하느냐 그러하거든 하물며 세상 일이랴"(고전 6:2-3). 그리스도인들이 세상 일을 판단해야 하는데 왜 그리스도인들이 세상 사람의 판단을 받느냐는 것이다.

9-10절 말씀을 보면 왜 사도 바울이 진노하고 있는지를 알 수 있다. "불의한 자가 하나님의 나라를 유업으로 받지 못할 줄을 알지 못하느냐 미혹을 받지 말라 음행하는 자나 우상 숭배하는 자나 간음하는 자나 탐색하는 자나 남색하는 자나 도적이나 탐욕을 부리는 자나 술 취하는 자나 모욕하는 자나 속여 빼앗는 자들은 하나님의 나라를 유업으로 받지 못하리라." 하나님 나라를 대표하는 교회가, 하나님 나라 백성이 왜 세상의 판단을 받아야 하느냐고 한다. 그리스도인들의 이 같은 행동은 교회의 정체성을 파괴하고 그리스도인들의 정체성을 파괴하며 복음 전도의 문을 가로막는 것이다.

예수님은 이렇게 말씀하셨다. "진실로 너희에게 이르노니 내가 포도나무에서 난 것을 하나님 나라에서 새것으로 마시는 날까지 다시 마시지 아니하리라 하시니라"(막 14:25). "주의 만찬은 종말론적이며 미래 지향적이다. 천국에는 주의 만찬이 없다. 어린양의 결혼 잔치(계 19:9)와 메시아 연회에서 '완성' 되기 때문입니다(마 22: 2).”[141] 주의 만찬은 천국에서 완성될 것이다. 그곳에서는 주의 만찬을 통하여 천국을 보여 줄 필요가 없다. 어린양의 혼인 잔치를 통하여 완성된 그 나라에 살게 될 것이기 때문이다.

"주님의 식탁(고전 10:21) 주위에 모인 친교는 최종적으로 이루어질 어린양의 만찬을 부분적으로 앞당겨 맛보는 것이다.”[142] 우리가 하는 성찬은 종말론적으로 이루어질 어린양의 혼인 잔치를 앞당겨 맛보는 것이다. "그리스도의 죽음은 종말론적인 하나님 나라에서만 완전하게 실현될 새로운 교제를 출발시켰다.”[143] 교회는 하나님 나라의 모델하우스 같은 것이다. 하나님 나라는 주님 다시 오실 때 완성될 것이다.

바울도 동일한 말을 하고 있다. "너희가 이 떡을 먹으며 이 잔을 마실 때마다 주의 죽으심을 그가 오실 때까지 전하는 것이니라"(고전 11:26). "교회는 종말론적인 사건을 통해서 존재를 얻었다.

---

141 R. Alan Cole, Mark: An Introduction and Commentary, vol. 2, Tyndale New Testament Commentaries (Downers Grove, IL: InterVarsity Press, 1989), 300.

142 Anthony C. Thiselton, The First Epistle to the Corinthians: A Commentary on the Greek Text, New International Greek Testament Commentary (Grand Rapids, MI: W.B. Eerdmans, 2000), 851.

143 Geoge Ladd, 「신약신학」, 230.

하나님 나라와 이혼한 복음

교회 자체는 종말론적인 메시지를 가진 종말론적인 공동체이다. 이 세대의 종말과 종말론적인 완성에 속하는 사건들은 실제로 역사 가운데 뚫고 들어왔다."[144] 교회의 원형은 종말론적으로 완성될 하나님 나라를 기다리는 식탁공동체, 하나님 나라의 백성이다.

---

[144] Ibid., 427.

2장

조직신학이 말하는 하나님 나라

●
●
●

하나님 나라의 핵심 개념은 하나님의 통치이다.
하나님의 나라는 이미 시작되었지만,
아직 그 완성을 기다리는 상태이다.
하나님 나라가 교회의 정체성을 결정하고,
교회의 사역을 규정한다.

성경의 대주제이며 예수님의 가르침의 핵심인 하나님 나라
를 조직신학에서 거의 다루지 않는다는 것이 믿어지지 않는다.
어떤 이는 겨우 몇 줄, 다른 사람들은 겨우 몇 페이지를 하나
님 나라를 위해 할애할 뿐이다. 전통적으로 조직신학은 구원론
(soteriology)이 중심을 이루고 있는 듯하다.

루이스 벌코프(Louis Berkhof)는 하나님 나라를 전천년자들의
신정왕국(이스라엘 왕국)과 현대주의자들의 인간에 의해 실현된
새로운 사회 상태와 구분하며, 하나님 나라의 주요 개념을 하나
님의 통치로 규정한다.[145] 이 통치는 현세적이지만 주님 다시 오

하나님 나라와 이혼한 복음

실 때 절정에 달하게 될 것이라고 한다. 하나님 나라는 이미 시작되었고, 아직 완성을 기다리는 상태이다. 우리는 온전한 하나님 나라를 기다리는 중에 있다. 중요한 사실은 이미 하나님의 통치가 이 땅에서 시작되었다는 것이다. 하나님 나라가 임하였다는 것은 하나님의 통치가 이루어지고 있다는 것을 의미한다.

밀러드 에릭슨(Millard Erickson)은 복음서는 이사야 선지자가 예언한 대로(사 9:7) 예수님을 왕으로, 우주의 통치자로 소개한다고 한다. 그러나 그의 통치가 최후의 승리 때만이 아니라는 사실을 강조한다.[146] 하나님께서 예수 그리스도를 우주의 왕으로 세우셨고 그의 통치는 이미 시작되었다. 주님이 다시 오실 때까지 기다릴 필요가 없다. 이미 부활하신 그리스도가 통치하시기 때문이다.

에릭슨은 성경적 교회의 이미지를 바울의 서술에 따라 하나님의 백성, 그리스도의 몸, 성령의 전으로만 설명한다. 복음서와 사도행전의 교회의 이미지를 말하지 않는다.[147] 다만 교회와 하나님 나라와의 관계를 이렇게 설명한다. "교회는 하나님 나라가 아니

---

145 Louis Berkhof, 「조직신학 하」, 권수경, 이상원 역, 5판 (서울: 크리스챤다이제스트, 1995), 825-6.

146 Millard Erickson, Christian Theology, 2nd ed. (Grand Rapids: Baker Academic,1998), 786.

147 Ibid., 1044-51.

다. 하나님 나라가 교회를 만든다. 교회는 하나님 나라를 증거한다. 교회는 하나님 나라의 도구이다. 교회는 하나님 나라의 파수꾼이다."[148] 교회는 하나님 나라가 아니다. 하지만 교회는 하나님 나라를 증거하는 곳이다. "하나님 나라가 교회를 만든다"는 말은 하나님 나라가 교회의 정체성을 결정한다는 의미이다.

에릭슨은 "이 땅에서의 교회의 형태는 하나님 나라와 하나님의 통치의 나타남이다"[149]라고 단정한다. 하나님 나라가 교회의 정체성을 결정하고 사역의 내용을 결정한다. 웨인 그루뎀(Wayne Grudem)은 하나님 나라를 기다리는 교회의 목적을 세 가지로 말한다. 하나님을 예배, 몸인 지체들을 섬김, 전도와 긍휼, 그러나 이 세 가지 사역이 균형을 유지해야 한다.[150]

하나님 나라를 기다리는 교회는 전도하는 일과 긍휼을 베푸는 일에 균형을 유지한다. 하나님 나라는 영적인 면과 사회적 면이 있다. 그러므로 하나님 나라를 바라보는 교회는 가난한 자를 돌보는 사역을 결코 잊어서는 안 된다. 그루뎀이 하나나님 나라를 말하며 전도를 강조한 것이 중요하다. 하나님 나라를 말하는

---

148 Ibid., 1052.

149 Ibid.

150 Wayne Grudem, Bible Doctrine—Essential Teachings of the Christian Faith (Grand Rapids: Zondervan, 1999), 373–4.

많은 사람들이 전도에 대해 무관심하다. 그러나 그루뎀은 전도와 사회적 책임의 균형을 말하고 있다.

하나님 나라의 현재성과 미래성에 대한 논쟁이 많다. 래드[151]는 이렇게 말한다. "어거스틴으로부터 개혁자들에 이르기까지 주도적인 견해는 하나님 나라가 어떤 의미에서 교회와 동일시되고 있다."[152] 그러나 이제는 많은 가톨릭 신학자에게서조차도 이 견해는 지지를 받고 있지 못하다. 웨이스(Weiss)와 슈바이처(Schweitzer)는 '철저한 종말론(konsequente eschatogie)'을, 불트만과 도드는 '실현된 종말론(realized eschatology)'을 말한다. 그러나 대다수의 학자들은 하나님 나라가 현재적이며 미래적이라고 말한다.[153]

래드는 교회가 현 세대와 오는 세대 사이에 존재한다는 보스(Vos)의 시간관을 좀 더 발전시켜 신약에는 이중적인 이원론이 존재한다고 한다. "하나님의 뜻은 하늘에서 이루어졌으며, 그의 나라는 그 뜻을 땅 위에 가져왔다. 오는 세대는 하늘이 땅으로 내려

---

151 Ladd는 신약 신학자이지만 하나님 나라에 대해 어떤 조직신학자보다 조직신학적 연구를 더 많이 하였으므로 조직신학적 논증에 포함시켰다.

152 Geoge Ladd, 「신약신학」, 77.

153 Ibid., 77-8.

오고, 역사적인 존재를 새로운 수준의 구속받은 생명으로 끌어올린다(계 21:2-3)."[154] 래드는 구약시대에도 있었지만 실제적 의미에서 하나님의 나라는 예수의 인격과 사역을 통해 역사 속에 들어왔다고 한다.[155] 하나님의 나라는 이미 역사 속에 존재하며 미래에 완성될 것이다.

래드는 부세(Bousset)와 불트만의 안디옥 교회에서 유대 묵시적 사상이 사라지고 헬레니즘 교회가 태어났고 예수를 하나의 종교 공동체인 교회의 예배 속에서 초자연적으로 활동하는 한 종교의 신으로 재해석되었다는 주장을 반박한다. 그들은 예수가 유대의 종말론적 메시아로부터 헬레니즘 종교의 신으로 바뀌었다고 한다. 그렇지만 래드는 바울의 기도 속에 나타나는 "마라나타"(고전 16:22)를 주께서 주의 만찬에 임할 것과 그의 나라를 세우기 위하여 다시 오실 것을 기원하는 제의적인 술어라고 한다.[156]

안디옥 교회도 또한 바울도 기독교의 창시자가 아니다. 유대교와 기독교는 분리될 수 없다. 신약은 구약의 완성이다. 구약은 하나님 나라가 올 것을 말하고 신약은 그 나라가 임하였다고 한다. 하나님 나라는 구약과 신약을 관통하는 핵심 주제이다.

---

154 Ibid., 90.

155 Ibid., 91.

156 Ibid., 441-2.

3장

교육신학이 말하는 하나님 나라

·
·
·

교회들이 방향성 없이 때마다 등장하여 유행하는 사역들을 무분별하게 접목하는 경향이 있다. 교회의 표어는 해마다 바뀐다. 신구약 성경에 일관되게 흐르는 대주제는 하나님 나라이다. 교회 교육의 대주제는 하나님 나라이어야 한다. 신앙은 주일 학교에서 가르쳐서 생기는 것이 아니다. 하나님 나라가 실현되는 신앙 공동체 안에서 형성된다.

개교회가 교육의 방향성을 갖는 것은 대단히 중요하다. 많은 교회들이 방향성 없이 때마다 등장하여 유행하는 사역들을 무분별하게 접목하는 경향이 있다. 교인들도 혼란스러워한다. 목사가 세미나에 참석하는 것을 두려워하기도 한다. 다녀와서 무슨 새로운 것을 요구하며 교회를 뒤흔들지 모르기 때문이다. 교회 교육이 하나의 대주제를 가지고 일관성 있게 한 방향으로 나아가는 것이 필요하다.

기독교 교육의 핵심 주제는 하나님 나라이어야 한다. 그 이유는 하나님 나라가 성경의 대주제이고, 구약과 신약을 연결해 주는 연결 고리이기 때문이다. 교육 신학자들 가운데 하나님 나라를 교육의 대주제로 제시하는 자들이 있다. 토마스 그룹(T. Groome), 제임스 파울러(J. Fowler), 도널드 밀러(D. Miler)가 대표적 신학자라 할 수 있다.

"그룹은 기독교적 종교교육의 궁극적 목적(metapurpose)은 '예수 그리스도 안에 있는 하나님의 나라'가 되어야 한다고 주장한다."[157] "교회가 구원 클럽(salvation club)처럼 개인적이고 피안적이 되어서는 안 되며, 역사 한가운데서 하나님 나라에 대한 성례전이 되어야 한다는 것이다."[158] 오늘 우리의 신앙이 '이기적인 신앙'과 '내세 중심의 신앙'에서 탈피하여 역사 인식을 가지고 현실의 삶 속에서 하나님 나라를 살아 내야 한다.

'왕국 제자 훈련'을 주장하는 찰스 도나휴(Charles Dunahoo)는 말한다. "하나님 나라의 모델은 믿음과 삶을 분리하지 않는다(그것은 가능하지도 않다). 이 모델은 하나님의 진리를 삶의 모든 영역에 통합하는 것에 초점을 맞추고 있다."[159] "하나님 나라의 접근법

---

157 Thomas Groome, Christian Religious Education: Sharing our Story and Vision (New York: Harper Colinas Publishers, 1980), p 34, 박경화, 「하나님 나라와 기독교교육」(서울: 한국장로교출판사, 2006), 190에서 재인용.

158 Ibid., 193.

159 Charles Dunahoo, 「하나님 나라의 제자–새로운 틀」, 이현민 외 2인 (인천: 탬북, 2019), 46.

에서 기독교 교육은 서로 다른 사회 기관들–가정, 교회, 학교, 국가–과 그들 간의 관계, 우리를 둘러싼 세계만을 다루는 것이 아니라, 과학과 역사, 수학, 법학과 같은 삶의 다른 영역들에 대해서도 다룬다. 그러므로 우리는 기독교 세계관을 가져야 한다."[160] 도나휴는 하나님 나라 중심의 제자 훈련을 형성적(formational)이지 않고, 변혁적(transformational)이라고 한다.[161]

기독교 교육의 목표는 제자를 삼는 것이다. 나아가 '제자 삼는 제자'를 만들어 내는 것이다. 문제는 어떤 제자를 만드느냐 하는 것이다. 하나님 나라의 가치와 원리를 가지고 세상 속에서 기독교적 세계관을 확장해 나가는 제자를 만들어야 한다. "기독교 교육은 하나님의 진리 위에 세워진 세계관을 전수하는 과정이다."[162] 기독교 교육은 성경 공부와 전도를 넘어 기독교적 세계관을 가르치며 하나님 나라를 추구해야 한다.

캠벨 와이코프(Campbell Wyckoff)는 오늘날 기독교가 반은 기독교식이고 반은 문화적인 방법을 취해서는 안 된다고 한다. "기독교 교육이 철학, 역사, 심리학, 사회학, 커뮤니케이션의 분야를

---

160 Ibid., 47.
161 Ibid., 57–60.
162 Ibid., 51

끌어들여 발전시켜야 할 필요가 있을지 모른다. 그러나 먼저 신학과 교회의 사역에서부터 시작해야 한다고 한다."[163] 기독교 교육이 너무나 세상 학문에 의지하고 있다. 복음이 기독교 교육의 자료이다. "교회 안에서 이루어지는 기독교 교육(모든 의미에서의 교육)은 인간이 복음을 이해하고, 받아들이며, 자신에게 요청하는 것을 이해하고 성취하도록 도와줄 책임이 있다."[164]

기독교 교육은 복음 중심이어야 한다. 교회 교육의 커리큘럼도 복음의 맥락에서 이루어져야 한다. 물론 와이코프가 강조하는 것은 하나님 나라의 복음보다는 예수 그리스도의 복음, 십자가와 부활을 통한 구속의 복음이다. 비록 와이코프가 하나님 나라의 복음보다 구속의 복음을 강조하지만 기독교 교육의 핵심이 복음이어야 한다고 강조한다. "복음은 교회가 존재하는 이유다. 복음의 실체, 복음의 능력 그리고 메시지를 전달할 책임이 교회를 존재하게 한다." 교회의 존재 이유는 복음 전도이다. 복음이 교회 교육의 방향성을 잡아 준다.

존 웨스터호프 3세(John Westerhoff Ⅲ)는 이렇게 말한다. "신앙

---

163 Eugene Gibbs 편, 『한권으로 읽는 교육학 명저 24선』, 김희자 감수, 2쇄 (서울: 도서출판 디모데, 2005), 326.
164 Ibid., 335.

하나님 나라와 이혼한 복음

은 어떤 가르침의 방법으로 배워지는 것이 아니다. 그것은 단지 종교를 가르칠 뿐이다. … 신앙은 믿음의 공동체를 지닌 역사적 전통 안에서 그들의 믿음을 나눔으로 표현되고 변화되고 의미를 가지게 된다."[165] 웨스터호프는 교회 교육이 학교식 교육을 벗어나지 못하고 있음을 비판한다.

학교 교육도 많이 변화되어 가는데 교회 교육은 여전히 전통적인 학교 교육 시스템을 가지고 있다. 신앙을 가르치면 된다고 생각한다. 그렇지만 신앙은 가르쳐지는 것이 아니라, 하나님의 나라가 구현되는 신앙 공동체 속에서 살면서 저절로 형성되는 것이다. 가르침의 중요성을 과소평가하거나 가르침이 필요 없다는 것이 결코 아니다. 살아 있는 신앙 공동체가 없다면 가르침을 통해 단지 종교인을 만들어 낼 수 있을지 모르지만, 하나님 나라의 시민을 만들어 낼 수 없다는 것이다.

에이든 토저(A. W. Tozer)는 주변 사람들로부터 체험을 전한다는 비판을 많이 받았다고 한다. 사람들의 비판에 그는 "나는 사람들이 하나님을 체험할 수 있도록 하기 위해 성경을 전한다."[166]고 말한다. 성경적 근거가 없는 체험은 위험하다. 하지만 체험 없는 지

---

165 John Westerhoff, Will our children have faith? (New York: Seabury, 1976), 6.
166 Aiden Tozer, 「세상과 충돌하라」, 이용복 역 (서울: 규장, 2005), 48.

식은 더 심각한 문제다. 그런데 신앙의 체험이 하나님과 개인적 관계에서 발생하기도 하지만 많은 경우 신앙 공동체 안에서 발생한다. '신앙은 가르쳐지는 것이 아니고, 공동체 안에서 형성된다.'

은준관은 '종교사회화(religious socialization)'로서의 기독교 교육의 대표자로 웨스터호프를 소개하며, 그의 핵심 사상 3가지를 소개한다. 첫째는 주일학교 교육이 '학교식-교수 패러다임(schooling-instruction paradigm)'에 빠져서 신앙 교육에 실패했다는 것이다. 둘째는 '신앙공동체'라는 '교육생태'를 회복해야 한다는 것이다. 셋째는 종교적 사회화가 경험되는 신앙 공동체의 세 영역, 예배, 의식, 경험이 중요하다는 것이다.[167] 주일학교의 학교식 교육을 탈피하여 공동체 교육으로 바꾸어야 한다. 왜냐하면 공동체는 최적의 교육 환경이 되기 때문이다.

파울로 프레이리(Paulo Freire)는 사람들을 억압하는 수단으로 사용되는 교육을 '은행저축식 교육(banking education)'이라고 하고, 사람들을 자유롭게 하는 교육을 '자유교육(liberation education)' 또는 '문제 노출 교육(problem posing education)'이라

---

[167] 은준관, 「교육신학」 (서울: 도서출판 동연, 2013), 446-50.

하나님 나라와 이혼한 복음

고 했다.[168] 오늘날 교회 교육이 주입식 교육인 '은행저축식 교육'을 벗어나지 못하고 있다.

은준관은 프레이리가 '행동'이 있는 프락시스만이 엄밀한 의미에서 교육의 현장으로 본다고 한다. 그러므로 교육 현장은 구체적인 상황에서 이론적 상황으로, 이론적 상황에서 구체적 상황으로 움직이는 과정에서 형성되는 프락시스라고 한다.[169] 프레이리는 자유 교육의 기본이 '의식화' 과정이며, 의식화란 인위적으로 조작되는 것이 아니라 인간(주체)과 세계(실체) 사이의 문제를 비판적으로 문제화하는 것을 뜻한다고 말한다.[170] 그는 삶의 현장에서 오는 물음을 교육의 시작으로 본다. 삶의 현장이 없으면 물음도 없다.

은준관은 프레이리의 교육 이론을 이렇게 정리한다. "인간을 주역화하고 세계에(언어와 다른 상징과 편찬을 통해서) 참여케 함으로써(의식화–프락시스), 그 세계를 역사화(변혁시켜 나가는)시켜 인간과 세계를 보다 더 인간적인 세계로 창조해 나가는 공동작업이라고 풀이된다."[171]

---

168 Paulo Freire, Pedagogy of the Oppressed (New York: Herder and Herder, 1971), 59.

169 은준관, 『교육신학』, 425–36.

170 Paulo Freire, Cultural Action for Reedom (Mass: Harvard University, 1970), 21.

171 은준관, 『교육신학』, 440.

브라질의 특권 정치계급이 '은행저축식 교육'을 통하여 국민을 지배하는 모습을 본 프레이리는 '자유해방교육'을 주장하며 문맹인 빈민들에게 글을 가르치고 문제 의식을 가지고 살게 도왔으며, 그들을 의식화시켜 특권층의 억압에서 해방되게 도왔다. 프레이리의 교육이론은 현실에 참여하여 문제를 발견하고 의식화하여 역사 변혁적 삶을 살게 하는 교육이다.

현대 교육에 있어 전통적인 인식론적 교육보다는 구성주의 교육이 더 각광을 받고 있다. 구성주의란 한마디로 자신의 경험으로부터 지식과 의미를 구성해 내는 것이다. 다시 말하면 학습 이전에 가지고 있던 개념을 토대로 학습이 진행된다는 것을 의미한다. 교육학자 중에서 듀이(Dewey), 피아제(Piaget), 에릭슨(Erickson), 비고츠키(Vigotsky)를 구성주의 선구자라고 할 수 있다.

듀이는 실용주의적 구성주의, 피아제는 인지적 구성주의, 에릭슨은 사회적 구성주의, 비고츠키는 문화적 구성주의라고 한다. 비고츠키의 이론은 오랫동안 구소련에 의해 숨겨졌었는데 1980년대 미국에서 재조명받기 시작했다. "비고츠키는 지식이란 중요한 사회적 문화유산으로서, 이미 입문해서 잘 알고 있는 부모, 교사, 선배와 같은 선진들과의 상호작용을 통해 지식을 구성하는 것이 바람직하다고 보았다."[172]

　교육에서 객관주의와 구성주의를 비교해 보면 객관주의는 지식을 고정적이고 확인할 수 있는 대상으로 보는 반면, 구성주의는 지식을 개인의 사회적 경험을 바탕으로 하여 개인의 인지적 작용에 의해 지속적으로 구성, 재구성된다.[173] 구성주의에서 중요한 것은 사회적 경험이다. 경험이 새로운 지식을 얻는 기초이기 때문이다. 상황학습이론(situated learning)은 실제적 생활 상황에 참여함으로써 교육이 이루어진다는 이론이다. 상황학습이론의 원리는 첫째, 지식은 실제적인 생활 맥락에서 제시되어야 하고 둘째, 학습은 사회적 교류와 협동을 필요로 한다는 것이다.[174] 실제 생활 속에서 일어나는 교육이 일어나기 위해서는 교육환경인 신앙공동체가 있어야 하고 그 공동체에 적극적으로 참여해야 한다. 또한 그 공동체 속에서 상호 교류하며 학습이 일어나는 것이다.

　가톨릭 교육신학자 마리아 헤리스(Maria Harris)는 사도행전에 나타난 초대 기독교인들의 커리큘럼으로의복귀를 주장한다.[175] 그것은 교회가 행했던 전체 사역, 케리그마(kerygma), 디다케

---

172 이용남, 신현숙, 「교육심리학」, 2판 (서울: 학지사, 2017), 133.

173 Ibid., 133.

174 Ibid., 136.

175 Maria Harris, 「교육목회 커리큘럼」, 고용수 역 (서울: 한국장로교출판사, 1997), 74.

(didache), 레이투르기아(leiturgia), 코이노니아(koinonia), 디아코니아(diakonia)이다.[176] 그녀에 의하면 교회 교육 커리큘럼은 "여러 상황에서 경험하는 학습 경험의 총체"이다.[177] 오늘 우리 교회 교육이 학교 교육 시스템을 버리지 못하면 공동체 교육은 불가능하다. 가르침이 필요 없다는 것이 아니다. 가르침은 교육 방법의 한 부분이어야 하고, 교회가 행하는 모든 일이 교육 커리큘럼이 되어야 한다.

나는 교회의 표지를 "종말론적 식탁 공동체"라 한다. 초대 교회 그리스도인들은 가정 교회로 모여 함께 식사하는 중에 성찬을 떼며 역사의 창 너머로 하나님 나라를 바라보았다. 말씀을 듣고, 기도하고, 교제를 나누었던 가정 교회는 신앙 교육 커리큘럼 그 자체였다. 오늘날 우리 교회의 학교식 커리큘럼과는 너무나 다른 상황학습을 행했다. 하나님 나라가 가시적으로 실현되는 살아 있는 신앙공동체는 최적의 신앙 교육 생태계이다.

고용수는 21세기 교육목회가 지향해야 할 교육의 중심 주제는 '하나님 나라'이며, '하나님 나라의 구현'이라는 교육 이념은 최소

---

176 Ibid., 21.
177 Ibid., 74.

한 세 가지 차원의 삶을 염두에 둔다고 한다. 그것은 '하나님을 경배하는 삶', '경건한 삶', '비판적 안목으로 일상적 삶'이다.[178] 또한 교육의 방향을 '개인적 차원', '공동체적 차원'과 '세계적이고 역사적인 차원'으로 세분화한다.[179] 교회 교육은 그리스도인들이 예배를 통하여 하나님의 통치를 경험하고, 세상 속으로 들어가서 하나님 나라의 가치와 원리를 가지고 살게 하는 것이 그 목적이다.

제임스 스미스(James Smith)는 이것을 한마디로 '세속적 예전'이란 말로 표현한다. 그가 말하는 의미는 예배를 하나의 예전으로 보고 예배의 목적이 세상 속에서 행동하는 '하나님 나라의 일등 시민'이 되는 것이라 한다.[180] "세상에 관해 바르게 생각하도록 우리의 지성을 훈련시키는 것만으로는 부족하다. 우리의 상상력을 바로잡는 훈련도 필요하다. 우리 안에서 하나님 나라를 지향하는 행동을 '이끌어 내는' 텔로스에 대한 전망에 우리 마음이 사로잡혀야 한다."[181] 그리스도인들의 텔로스는 이 세상 속에서 하나님 나라의 시민으로 살아가는 것이다.

---

178 고용수, 「하나님 나라와 교육 목회」 (서울: 장로회신학대학교출판부, 2009), 23.

179 Ibid., 23-4.

180 James Smith, 「하나님 나라를 상상하라」, 박세혁 역 (서울: 한국기독학생회출판부, 2018), 33-40.

181 Ibid., 37-8.

스미스는 자신을 기독교적 행동 철학을 하는 자로 설명한다. 그는 "추동", "습관화된 지향의 신체적 형성", "의미의 신체적 토대"라는 용어들로 행동 철학을 설명한다. "간단히 말해서, 마음에 이르는 길은 몸을 통하는 것, 몸에 이르는 길은 이야기를 통하는 것이다. 그리고 이것이 예배가 작동하는 방식이다."[182] 예배가 몸에 습관화되어 삶의 예배가 일어나야 된다는 것이다. 스미스가 강조하는 것은 문화적 예전(cultural liturgies)이다. "기독교예배는 새로운 지식과 정보뿐 아니라 세상에 대한 새로워진 느낌, 변화된 '실천 감각'을 지닌 채 우리를 세상으로 내보내야 한다."[183]

하나님 나라는 성경의 대주제이며 예수님의 가르침의 핵심이다. 구속사도 중요한 성경의 주제이지만 하나님 나라는 가장 중요한 주제이다. 구속의 목적이 하나님 나라이기 때문이다. 당연히 하나님 나라가 교회 교육의 핵심이 되어야 한다. 하나님 나라가 교회 교육의 방향키 역할을 하여 교회 교육이 어디로 가야 할지 방향을 제시해야 한다.

---

182 Ibid., 49.
183 Ibid., 302.

4장

역사신학이 말하는 하나님 나라

●
●
●

팔레스타인을 떠난 복음은 점차로 하나님 나라와 분리되며, 하늘과 땅이 나누어진다. 하나님 나라와 이혼한 복음은 이원론적 구원론이 되어 버리고 교회는 하나님 나라를 대신하게 된다. 예수님은 교회의 역학 구조가 어떠해야 하는지 제자들에게 설명해 주지 않으셨다. 가서 복음을 전파하고 가르쳐 지키게 하라고 하셨다. 그러므로 교회는 시대마다 그 구조를 결정해야 한다. 하지만 우리에게 교회의 본질을 바꿀 수 있는 권한은 없다.

교회의 형태를 역사 속에서 찾아본다는 것은 매우 흥미 있는 일이다. "예수님은 교회의 역학 구조가 어떠해야 하는지 제자들에게 말씀해 주신 일이 없다. 그의 이름을 믿음으로 얻는 구원을 전파하러 가라고 보내셨다. 단지 그들이 경험할 대적들이 있을 것을 경고했을 뿐이다."[184] 그러므로 역사 속에서 시대마다 그리스도인들은 본질을 바꿀 수 없지만 교회의 구조를 결정해야 했다.

---

[184] B.K. Kuiper, The Church in History (Grand Rapids: The National Union of Christian Schools, 1964), 4.

2세기 말까지 초기 교회가 가지고 있던 하나님 나라 사상은 유대교의 묵시사상의 영향이다. "이스라엘을 하나님의 통치를 받는 메시아 왕국으로 보고 주변의 열국을 사탄의 세력권으로 보는 유대교 묵시사상의 영향을 받은 초대기독교인들은 교회를 새 이스라엘이라고 주장하면서 기독교를 탄압하는 세력들, 그중에서도 로마 제국을 사탄 세력의 정점으로 보았다."[185] 이러한 신앙은 로마 제국의 핍박 가운데서도 하나님께서 악의 세력을 멸하시고 의인들에게 구원과 상을 베푸실 것을 기대하게 했다. 이스라엘을 하나님이 통치하시는 메시아 왕국으로 보았으며, 천년왕국 사상이 여기서 나오게 된다.

기독교가 그레코로만 문화에 전파되면서, "하나님 나라는 묵시적으로 이 땅 위에 홀연히 임하는 것이 아니라 각 개인의 영적이고 내면적인 영역에서 이루어진다는 것이다."[186] 결과적으로 기독교가 그레코로만 문화에서 역사성을 잃어버리고 개인 영혼 구원을 중심으로 변화한다. 콘스탄틴 이후 380년 기독교가 로마의 국교가 되면서 로마 제국에 대한 희망이 하나님 나라와 동일시된다. "기독교와 로마 제국을 대립의 관계로 보는 묵시론적 이분법

---

185 이용석, "초대 교부들의 하나님 나라 이해," 「대학교선교」 제7집 (200): 128.
186 Ibid.

은 사라지고 로마 제국은 하나님의 통치를 대행하는 체제로 여겨지게 되었다. 즉 하나님 나라는 로마 제국이라는 지상의 기독교 제국을 통해 구현되었다는 해석이 나타나게 되었다."[187] 로마 제국이 하나님의 통치를 대행한다는 사상이 싹트기 시작한 것이다.

그렇지만 영원할 것이라고 믿었던 로마 제국이 410년 8월 24일 아라리크가 이끄는 서고트족에 의해 침입당하자, 하나님 나라 신학의 틀의 변화를 맞게 된다. 이교도들은 로마의 멸망으로 보았다. 그러나 어거스틴은 로마의 함락이 고트족에 의한 것이 아니라 제국의 밑바닥에 자리 잡은 이교신앙들 때문에 일어난 하나님의 심판이라고 반론하며 로마가 '하나님의 도성'이 아니라고 한다. 결과적으로 로마를 점령한 이교도들이 기독교인으로 개종하면서 교회가 세상을 지배하는 중세의 기독교 제국(Christendom)이 시작된다.

유세비우스(Eusebiu)는 335년 콘스탄티누스 황제 즉위 30 주년 기념식에서 다니엘 7장 18절("지극히 높으신 이의 성도들이 나라를 얻으리니 그 누림이 영원하고 영원하고 영원하리라")을 인용하며 "콘스

---

187 Ibid.

탄티누스 황제의 로마 제국이야말로 지상의 하나님 나라"[188]라고 칭송하였다. 그러나 로마 제국은 멸망했고 로마 제국의 멸망에 가장 큰 충격을 받은 사람 중에 하나는 어거스틴이다. 어거스틴은 이 충격 가운데 오랜 시간에 걸쳐 「하나님의 도성」을 쓰게 된다. 어거스틴은 그의 초기의 생각을 바꾸어 하나님 나라를 천상의 나라와 연결한다.

"어거스틴에게 있어서 하나님 나라는 천상의 하나님과 함께하는 영원한 삶으로 이루어지는 것이었다. 하나님의 도성(civitas Dei)은 지상의 도성(civitas terrena)과는 대조되는 것이다. 이 세상의 어떤 제국도 진정한 하나님의 도성은 될 수 없다."[189] "하나님의 도성은 세 가지를 규정했다. 법과 질서, 문화의 문명화 그리고 기독교제국이다."[190] 혼란의 시기에 어거스틴이 교회에 방향성을 잡아 준 것은 사실이다. 그의 공로는 과소평가될 수 없다. 그렇지만 그가 교회와 하나님 나라를 동일시한 것은 지금까지 부정적 영향을 미치고 있다.

루이스 벌코프(Louis Berkhof)는 초대 교회는 하나님 나라를 미

---

188 Ibid., 139.

189 Ibid., 142.

190 Joseph Mattera, "A Kingdom Manifesto: Understanding the Church's Role to Disciple Nations and Transform Culture" (D. Min. diss., Bakke Graduate University, 2006), 82.

하나님 나라와 이혼한 복음

래적 실재로, 즉 교회가 발전하여 도달할 목표로 간주했으며 일부 교부들은 하나님 나라를 장차 올 메시아의 천년왕국 통치로 간주했다고 한다. 어거스틴은 하나님 나라를 현재적 실재로 보면서 교회와 동일시했다. 로마 가톨릭교회는 공공연하게 하나님 나라를 자신들의 성직 제도와 동일시했다. 그러나 종교개혁자들은 이 세대에서 무형교회와 동일하다고 견해를 가졌다. 현대에 와서는 칸트와 리츨의 영향으로 하나님 나라는 사회의 관계를 발전시키는 새로운 원리로, 인류의 도덕적인 조직체로 정의된다.[191] 가톨릭은 그들의 성직 제도를 위해, 자유주의자들은 인류의 도덕을 위해 하나님 나라를 사용했다.

"루터에게는 대립적인 하나님의 왕국과 사탄의 왕국, 그리고 하나님의 오른손과 왼손이라는 두 왕국론이 있다. 루터에 의하면 하나님은 영적 왕국을 통해서는 복음으로 통치하고 세상적 왕국을 통해서는 법과 칼로 통치한다."[192] 루터의 두 왕국론은 어거스틴의 두 도성론과 별로 다르지 않다. 루터에게 있어 두 왕국은 교회와 국가이다. 개혁자들의 교회가 적극적으로 하나님 나라의 표지 역할을 했다고 보기 어렵다.

---

191 Ibid.
192 권태경, "루터와 칼빈의 두 왕국론과 역사," 「성경과 신학」, 51집 (2009): 116.

어거스틴과 루터의 교회론은 거의 동일하다. 칼빈의 교회론도 약간의 차이는 있지만 별로 다른 것이 없다. 이들은 교회와 하나님 나라를 동일시하는 전통적 입장들을 유지하고 있다. 종교개혁 이후에도 이러한 입장들이 오랫동안 지속된다. "칼빈은 교회를 창조-타락-구속이라는 구속사의 큰 틀 속에서 이해할 뿐만 아니라, 하나님의 나라라는 종말론적 관점에서도 이해한다."[193] 칼빈은 종말론적 하나님 나라를 말하고 있다. "칼빈은 자신의 설교와 저술을 통해 크리스천에게 하나님을 영화롭게 하는 삶을 강조하며 하나님 나라를 자주 언급하였다."[194]

칼빈이 교회를 신자들의 어머니라고 한 것은 지나친 면이 있다. "만약 당신이 교회를 당신의 어머니로서 가지지 않는다면, 당신은 하나님을 당신의 아버지로서 가질 수가 없다."[195] 이것은 칼빈이 키프리아누스의 글을 인용한 것이다. 분명 이것은 하나의 유비이다. 하지만 이 말은 교회의 절대성을 의미하기도 한다. 아기가 어머니의 품을 떠나 살 수 없듯이 교회 밖에는 구원이 없다는 말

---

193 최윤배, "칼빈의 교회론: 교회의 본질을 중심으로," 「한국기독교신학논총」, 49집 (2007): 96

194 Ibid., 127.

195 Cyprian, "Unity of the Catholic Church," The Library of Christian Classics V, 127-8: "You cannot have God for your father unless you have the Church for your mother," 최윤배, "칼빈의 교회론: 교회의 본질을 중심으로," 「한국기독교신학논총」, 49집, 2007, 110에서 재인용.

로 해석될 수도 있다.

대학생 때 선교단체 활동을 하면서 지역 교회 목사님들을 만나면 이렇게 말씀하시는 분들을 종종 볼 수 있었다. "칼빈은 '신자들의 어머니로서 교회'를 가시적인 교회와 연결하고 있다. 또 칼빈은 '교회 밖에 구원이 없다'는 논지로 교회로부터 죄사함과 구원을 받는다고 말한다."[196] 교회의 중요성을 절대 과소평가하지 않는다. 그러나 칼빈은 하나님의 구속 활동을 지나치게 교회 안으로 제한하고 있다.

"칼빈의 하나님 나라 개념은 구속적이다. 하나님 나라는 성령의 역사로 중생한 하나님의 자녀들의 영원한 축복의 영적 상태를 말한다."[197] "칼뱅에 따르면 하나님 나라는 물리적인 실재보다는 영적 실재에 관한 것이다. 하나님 나라의 가장 큰 특징 중의 하나는 그것이 영적이며 영적인 것으로 이루어져 있다는 데 있다. 하나님 나라가 영적이라는 것은 이 나라에 대한 이해 역시 영적 차원에서만 일어날 수 있음을 말한다."[198] 칼빈의 하나님 나라 이해는 영적인 것이며 역사성이 부족하다고 말할 수 있다.

루터와 칼빈이 하나님 나라에 대한 언급을 하지 않았다는 것이

---

196 최윤배, "칼빈의 교회론: 교회의 본질을 중심으로," 101.
197 원종천, "칼빈의 하나님 나라 개념," 「성경과 신학」, 14집 (1993): 94.
198 김선권, "칼뱅의 하나님 나라," 「영산신학저널」, Vol. 50 (2019): 159.

아니다. 하나님 나라에 대한 많은 언급을 했지만 교회와 하나님 나라를 동일시했다. 반면 급진적 종교개혁자들(radical reformers)의 교회는 다른 모습이다. 그들은 교회를 하나님 나라의 표상으로 여겼다. "프랭클린 릿텔(Franklin Littell)은 '재세례파의 본질적 특징은 사도적 유형에 근거한 참된 교회(rechte Kirche) 회복에 있다'고 하였다."[199]

루터와 캘빈의 교회 개혁을 미흡하게 생각했던 아나뱁티스트들은 사도시대의 교회의 모습으로 돌아가기를 원했다. 아나뱁티스트의 후예들 중 약간의 차이는 있지만 후터라이트들은 일체의 사유재산을 부정하고 재산공유공동체를 이루었고, 교회의 공동체성을 매우 강하게 인식하고 있었다. 아미쉬들은 농촌 사회에서 외부 세계와 완전히 단절된 그들만의 마을을 이루고 살고 있다. 메노나이트들은 재산 공유나 집단적인 공동체를 이루지는 않지만, 그들의 교회론에서 아가페적 사랑에 근거한 가족 사랑을 매우 강조하고 있다.[200] 아나뱁티스트의 후예들은 하나님 나라를 그

---

199 Franklin H, Littell, The Origin of Sectarian Protestantism: A Study of the Anabaptist View of the Church (New York: Macmillan Company, 1964), 151–152, 김현진, "온전한 복음과 온전한 교회 개혁의 방향성," 36에서 재인용.

200 김승진, 「근원적 종교개혁」 (대전: 침례신학대학교출판부, 2011), 481. 남미에는 메노나이트 공동체들이 있다.

하나님 나라와 이혼한 복음

들의 공동체 안에서 살아 내기를 원했으며 교회가 하나님 나라를 비추는 거울이 되기를 원했다.

니콜라스 진젠도르프(Nicholas Zinzendorf)와 모라비안 교도들도 그들의 공동체 안에서 하나님 나라를 실현하려고 했다. "그들은 초대 교회로 돌아가기를 원했다. 그래서 신약성경의 예를 따라 예배 시간에 성도들의 발을 서로 씻겨 주었으며(세족식), 누구나 참석하는 애찬식(Liebesmahl)도 가졌으며 평화의 입맞춤 시간도 가졌다."[201] 그러나 그의 공동체는 루터파들로부터 '교회 안의 교회(ecclesiaolae in ecclesia, little churches with the church)'를 만든다는 비판을 받았다.

진젠도르프의 가장 큰 업적은 형제단 공동체(Brueder-Unitaet)라고 할 수 있다. 그는 이 공동체 안에서 후터파와 루터파의 조화를 이루어 내기도 했지만 그것보다 중요한 것은 공동체 내에서 하나님 나라의 원리들을 실현해 낸 것이다. 그는 귀족 출신이었지만 어렸을 때부터 가난한 자들에게 많은 관심을 가지고 있었다. 진젠도르프는 할레에서 신앙 교육을 받았는데 그곳에서 하나님 나라에 관한 내용을 배웠다. 아나뱁티스트와 모라비안 교도, 루터와 칼빈의 교회론을 비교해 볼 때, 아나뱁티시트들과 모라비안

---

201 이상조, "진젠도르프와 헤른후트 공동체," 「교육교회」, 422권 (2013): 53.

교도들은 제도적 교회를 거부하고 하나님 나라를 그들의 공동체 안에서 실현하는 것을 추구했음을 볼 수 있다.

"종교개혁 이후 신학자들은 어거스틴과 종교개혁자들의 전통을 따라 교회와 하나님 나라를 동일시하는 경향이 지배적이었다."[202] 결론적으로 어거스틴이 '제도적 교회'와 하나님 나라를 동일시하는 신학적 틀을 놓았고, 개혁자들의 신학이 어거스틴의 신학적 틀에서 크게 벗어나지 않았다고 본다. 혹자는 개혁자들이 '무형의 교회'와 하나님 나라를 동일시했다 주장하지만 '무형의 교회'인지, '가시적 교회'인지 구별하기 어렵다.

로버트 프리드만(Robert Friedmann)은 루터를 중심으로 한 정치권력후원 종교개혁가들은 그들의 신학의 근거를 믿음으로 의롭게 되는 바울신학에서 찾은 반면, 아나뱁티스트들은 복음서의 예수님의 종말론적 가르침에서 출발하였다고 한다.[203] 아나뱁티스트들은 예수를 믿고 영혼을 구원받아 하늘나라에 가는 것보다 '왕국 신학'을 가지고 사탄의 왕국에 대한 변혁을 시도했다.

투르나이젠(Thurneysen)은 목회가 악령에 사로잡혀 죄에 빠져

---

202 원종천, "칼빈의 하나님 나라 개념," 99.

203 Robert Friedmann, The Doctrin of the Two Word Hershberger, The Recovery of the Anabaptist Vision (Paris, Ark: The Baptist Standard Bearer, 2001), 114.

있는 인간에게 다가감과 동시에 정치, 경제, 사회의 영역에 들어가 다가올 하나님 나라를 선포하고 의를 실현하고 인간화를 이루어야 한다고 한다.[204] 하비 콕스(Harvey Cox)는 하나님 나라의 아방가르(Avant-Garde, 전위대)로서의 교회를 말하며, 교회는 이 세상 속에서의 하나님의 통치 능력을 선포하고 "문화적으로 귀신을 쫓아내는 교회"가 되어야 한다고 한다.[205]

예수께서 귀신을 쫓아내시며 하나님 나라를 선포하기 시작하셨듯이 우리도 인간과 정치, 경제, 사회 속에 있는 불의한 악령의 역사를 파괴하며 하나님 나라를 선포해야 한다. 하나님 나라와 분리된 교회론은 교회가 현실의 문제를 도외시하고 역사성을 상실하게 하며 단지 내세 지향적인 신앙인들을 만들어 낼 뿐이다.

---

204 Eduard Thurneysen, 「목회학원론」, 박근원 역 (서울: 성서교재간행사, 1979), 275–99.

205 Harvey Cox, The Secular City, 「세속도시」, 손명걸 외 6인 역 (서울: 대한기독교선회, 1967), 169–77.

5장

선교신학이 말하는 하나님 나라

20세기 중반에 '하나님의 선교(Missio Dei)'라는 코페르니쿠스적 혁명이 선교에 일어났다. 우리는 오랫동안 선교의 주체를 교회라고 생각했었다. 선교의 주체가 교회가 아니라 하나님 자신이며, 선교는 하나님으로부터 시작된다. 아브라함을 보내고 모세를 보내신 야훼 하나님이 선교의 주체이시다. 야훼가 독생자 예수를 이 땅에 보내셨다. 선교의 주체인 하나님의 궁극적 목표는 영혼 구원이 아니라 하나님 나라이다.

현대 선교의 중요한 이슈 중 하나는 '하나님의 선교(missio Dei)'이다. "20세기 중반에 선교에 대한 이해에 있어서 코페르니쿠스적인 혁명이 일어났다. 선교는 하나님의 선교(라틴어 missio Dei, 미씨오 데이)로 이해되었는데, 이는 곧 선교는 신적 주도권과 특징에 뿌리를 내리고 있다는 관점이다."[206] 오랫동안 선교의 주체를 교회라고 생각했다. 그러나 선교의 주체가 교회가 아니라 하나님 자신이며, 선교는 하나님으로부터 시작된다는 것이다.

---

[206] Craig Ott 외 2인, 「선교신학의 도전」, 변진석 외 6인 역 (서울: 기독교문서선교회, 2017), 117.

하나님 나라와 이혼한 복음

"성경의 하나님은 그 창조자로서의 지위, 통치, 인간에 대한 주장, 열방과 지구에 대한 주권, 다른 영적 권세들에 대한 수월성, 구속의 계획에 있어서 우주적이다."[207] "하나님은 다만 유대인의 하나님이시냐 또한 이방인의 하나님은 아니시냐 진실로 이방인의 하나님도 되시느니라(롬 3:29)." 하나님의 선교는 우주적이다. 유대인과 이방인을 통합시키시고 만물을 예수 그리스도 안에서 통일하시길 원하신다.

선교의 동기를 예수님의 명령에서만 찾으려는 자들이 있다. 예수님의 명령이 없었어도 선교는 계속 진행되었을 것이다. 왜냐하면 선교의 계획자와 주관자는 하나님이시기 때문이다. 예수님께서 말씀하셨다. "아버지께서 나를 보내신 것같이, 나도 너희를 보내노라." 성부 하나님께서 성자 예수님을 이 땅에 보내셨고, 예수님은 우리를 열방에 보내신다. 보내시는 주체가 하나님이시다. "선교는 하나님의 자기 이해이며, 교회의 선교는 하나님의 선교에 참여하는 것이다. 하나님은 선교사 하나님이시며, 선교는 성부, 성자, 성령의 삼위 하나님이 보내시는 활동에 뿌리를 내리고 있다."[208] 선교는 삼위일체 하나님의 자기표현이다.

---

207 Ibid., 163.
208 Ibid., 172.

"예수께서 주신 '명령'은 단지 영혼의 구원 이상의 것이다. 참으로 예수께서 하신 치유, 화해, 해방, 정의의 모든 행동에 그의 생애와 봉사의 직무 전반에 걸쳐 예고된 것이다."[209] 예수님은 제자들을 영혼 구원하러 보내지 않으셨다. 하나님 나라의 복음을 전하라고 하셨고, 분부하신 모든 것을 가르쳐 지키게 하라고 하셨다. 선교는 영혼 구원만을 위한 것이 아니다. 선교는 통전적이다.

"이 '명령'은 정확히 하나님 나라의 현재적 개통이다. 우리는 이제 하나님의 뜻을 행하는 것이 무엇인지 안다: 예수 그리스도를 믿음으로 성령으로 거듭남, 화해, 치유, 구원, 새로운 창조의 이야기를 전하는 것이다."[210] 선교는 예수 믿고 천국 가는 것 그 이상을 전하는 것이다. 삼위일체 하나님이 이 세상 속에서 행하시길 원하시는 일, 하늘과 땅의 화해와 새 창조의 역사를 증거하는 것이다.

하르텐슈타인(Karl Hartenstein)이 하나님의 선교라는 용어를 처음 사용한 사람이다. 세계가 하나님의 선교지이고 세계가 하나님의 통치 아래 있다. "교회는 하나님의 세상을 향한 사랑의 활동

---

209 Edgar Bazan, "The Makes of a Turnaround Church: Common Patterns and Contributing Factors" (D. Min. diss., Asbury Theological Seminary, 2019), 23.
210 Ibid.

하나님 나라와 이혼한 복음

에 참여하는 것이다. 즉 하나님의 선교는 교회의 선교보다 크며, 하나님의 선교는 교회와 세상을 포함하며, 교회는 하나님과 세상과의 관계 가운데서 배제되거나 소외되는 것이 아니라 그 활동에 참여할 특권을 부여받는다."[211] 하나님의 선교는 교회와 세상을 포함한다. 하나님은 교회 밖에서도 선교하신다.

반면 스코트 맥나이트(Scot McKnight)는 교회와 하나님 나라를 엄격하게 동일시한다. 그는 교회를 "확대된 이스라엘"이라고 본다. "나는 우리가 교인(church people)이 되지 않고서는 하나님 나라 백성(kindom people)이 될 수 없다고 주장한다."[212] 일반적으로 옳은 말이지만 교인이 다 하나님 나라 백성이라고 하기는 어렵다. 맥나이트는 "교회 밖에는 하나님 나라가 없다."라고 단정하며 "교회의 사명이 곧 하나님 나라의 사명이다."[213]라고 한다. 맥나이트가 교회와 하나님 나라를 동일시했을 때 그가 '교회'를 어떻게 규정하는가가 중요하다.

맥나이트가 제도적 교회와 하나님 나라를 동일시했다면 그의 주장에 동의할 수 없다. 왜냐하면 예수님께서 마태복음 16:16-19에서 사용하신 '교회(에클레시아)'는 제도적 교회를 의미하지 않

---

211 최형근, "하나님의 선교(Missio Dei)에 대한 고찰," 「선교신학」, 10집 (2005): 47.
212 Scot McKnight, 「하나님 나라의 비밀」, 김광남 역 (서울: 새물결플러스, 2016), 152.
213 Ibid., 164.

기 때문이다. 이 표현은 70인역에 자주 사용된 표현이며 "민족 전체를 대표하는 집회를 가리킨다."[214] 에클레시아는 전체 백성을 대표한다. 교회는 "에클레시아"이다. 세상을 섬기라고 세상으로부터 부름받았다. 세상에서 부름받은 교회는 세상을 위해, 세상속에 하나님 나라가 임하도록 하기 위해 존재한다. 이원론적 복음 이해는 세상과 교회를 분리시키고 그리스도인들로 세상에 무관심하게 만들고 세상의 악을 방치하게 한다.

래드(Ladd)는 "만일 하나님 나라를 역동적인 개념으로 보는 것이 옳다면, 하나님 나라는 절대로 교회와 동일한 것으로 볼 수가 없게 된다. 하나님의 나라는 주로 하나님의 역동적 통치 혹은 왕적인 다스리심이며, 파생적으로 그 다스림이 경험되는 영역을 뜻하게 된다."[215]고 말한다. 교회와 하나님 나라 사이에 많은 공통분모가 있지만 교회와 하나님 나라를 동일시할 수는 없다.

"신약 성경은 신자들을 하나님 나라와 동일시하지 않는다. 첫 선교사들은 하나님의 나라를 전파한 것이지, 교회를 전파한 것이 아니다(행8:12; 19:8; 20:25; 28:23, 31). 위의 구절들에서 '하나

---

214 박영호, 「에클레시아」 (서울: 새물결플러스, 2018), 192.
215 George Ladd, 「하나님 나라」, 원광연 역 (파주: CH북스, 2016), 318.

하나님 나라와 이혼한 복음

님 나라'를 '교회'로 대치시킬 수는 없다."[216] 반대로 "하나님 나라가 교회를 창조한다."[217] 그리고 "교회는 하나님 나라를 증거한다."[218] 교회가 하나님 나라가 아니며, 교회는 하나님 나라를 증거하기 위해 존재한다. 교회는 하나님 나라가 아니고 하나님의 백성들의 모임이다. 교회는 하나님 나라를 비추는 거울과 같은 것이다.

하나님의 선교를 교회의 선교 안에 가두어 둘 수 없다. 하나님은 교회 밖에서도 선교하고 계시다. "J. C. 호켄다이크(J. C. Hoekendijk)로 대표되는 화란인들은 하나님의 선교를 역사 속에서 하나님 나라의 약속이 성취되는 것으로 보았다. 선교는 세상을 섬기기 위한 세상 속에서의 하나님의 활동이다."[219] 선교를 하나님 나라의 약속의 성취로 본다면 교회가 선교의 주체일 수 없다. 하나님은 교회 밖에서도 활동하신다.

하나님의 선교가 잘못 사용된 경우도 있다. "그 말이 하나님이 교회의 어떤 구체적인 일이 아니라 전체 역사적 과정에 관여하는 것을 의미한다고 생각했기 때문이다. 선교가 하나님의 것이라는 주장은 선교가 우리의 것이 아니라는 것이 아니라는 의미가 되어

---

216 Ibid., 319.
217 Ibid., 321.
218 Ibid., 322.
219 Craig Ott 외 2인, 「선교신학의 도전」, 175.

버렸다!"[220] 하나님이 선교의 주체라고 하여 교회가 선교 책임을 면제받는 것은 아니다. "근본적으로 우리의 선교는 (성경에 근거하고 성경에 의해 정당성이 입증된 것이라면) 우리가 하나님의 백성으로서, 하나님의 부르심과 명령에 따라, 하나님 자신의 역사 안에서, 하나님의 피조물의 구속을 위해, 헌신적으로 참여하는 것을 의미한다."[221] 하나님이 선교의 주체이시고 우리는 하나님의 백성으로 선교적 책임을 지고 있다. 하나님의 나라는 공간의 개념보다 통치의 개념이 강하다.

하나님 나라는 하나님의 공의로운 다스림에 순복하는 하나님의 통치 영역이다. 하나님의 주권과 통치는 온 세계 가운데 있다. 하나님 나라를 한마디로 정의하는 것은 위험한 일이다. 그러나 하나님 나라는 하나님의 통치와 깊은 연관성이 있다. 에베소서 1장 10절 말씀처럼 하나님의 뜻은 하늘에 있는 것들과 땅에 있는 모든 것들을 하나되게 하는 것이다. 이 말은 하나님의 뜻이 온 우주 속에서 이루어지는 것이며, 하늘과 땅에 있는 모든 것이 하나님의 질서에 순종하게 되는 것을 의미한다. 궁극적으로는 우주 만물이 하나님의 온전한 통치가 있는 하나님의 나라가 될 것이다.

---

220 Christopher Wright, 「하나님의 선교」, 정옥배, 한화룡 역 (서울: 한국기독학생회출판부, 2010), 75.
221 Ibid., 25.

하나님 나라와 이혼한 복음

시편 기자는 하나님의 영광을 만민 가운데 선포하라고 한다. 하나님의 통치는 이스라엘 안에만 있지 않을 것이다. 이스라엘은 하나님의 선택받은 하나님 나라의 백성이었다. 그러나 그들은 하나님께서 그들을 열방을 위한 제사장 나라로 부르시고 선택하신 목적을 잊어버렸다. 로마서 9-11장은 하나님의 세계 구원의 여정을 보여 준 다. 9장는 선택받은 이스라엘, 10장은 이스라엘의 실수, 11장은 이스라엘의 회복을 말한다. 이스라엘의 실수는 열방을 섬기라고 부르신 하나님의 목적을 상실한 것이다.

"사도행전에 일곱 번 나오는 '하나님 나라'에 대한 언급에서 사도들은 이 용어를 '하나님의 은혜의 복음'이라는 용어와 동의어로 간주하고 사용했음이 분명하다. 그들은 이 용어를 이스라엘에 대해 말하면서 사용하지 않았다(1:3-7)."[222] 사도행전 1장에서 예수님은 제자들의 이스라엘 회복에 대한 질문에 명쾌하게 대답하지 않으신다. 그러나 예수님은 하나님 나라를 이스라엘과 동일시하지 않으셨다.

예수님의 제자들이 3년 동안 그를 따르며 배운 말씀이 일종의 유대교 갱신운동이라고 생각했으며, 예수님이 다윗 왕 같은 이스라엘의 왕이 되실 것이라고 생각했다. 예수님의 죽음으로 인한 실

---

[222] Arthur Glasseer, 「성경에 나타난 하나님의 선교」, 432.

망이 부활을 통하여 다시 희망으로 살아났다. 그런 제자들이 부활하신 주님께 이스라엘의 회복을 묻는 것은 당연하다.[223] 신약 시대의 하나님 나라는 국가적 이스라엘도 아니고 교회도 아니다. 교회가 하나님의 통치를 드러내는 중요한 역할을 하지만, 하나님의 통치는 교회 안에만 있는 것이 아니다.

교회는 하나님 나라를 증거하고 드러내는 도구이다. 하나님 나라와 교회가 불가분의 관계이기는 하지만 교회가 하나님 나라는 아니다. "교회는 하나님 나라의 공동체이지만 절대로 하나님 나라 그 자체는 아니다. 예수님의 제자들은 하나님 나라에 속할 따름이지, 그들이 하나님 나라는 아닌 것이다."[224] 교회는 수단이지 목적이 아니다. 선교의 하나님은 우주적 구원을 계획하시고 교회 밖에서도 당신의 선교를 수행하신다.

오늘날 교회가 이스라엘과 예수님의 제자들의 실수를 반복해서는 안 된다. 하나님은 우리를 세상으로부터 교회(에클레시아)로 부르셨다. 그런데 교회가 세상을 잊어버리고 세상을 섬기지 않으면 이스라엘과 똑같이 되는 것이다. 교회와 하나님 나라의 깊은

---

223 Tom Wright, 「모든 사람을 위한 사도행전」, 23-6.
224 George Ladd, 「하나님 나라」, 318.

　　　　　　　　　　　　하나님 나라와 이혼한 복음

연관성을 부인하지 않는다. 문제는 교회를 하나님 나라와 동일시하고 교회가 하나님 나라의 자리를 대신하면서 역사 속에서 하나님 나라라는 말이 점점 사라져 갔다는 것이다. 19-20세기에 와서 다시 하나님 나라를 언급하기 시작하였지만 여전히 어거스틴과 개혁자들의 신학의 그늘이 짙게 드리워져 있다.

정통주의자들은 어거스틴과 개혁자들이 하나님 나라를 언급했다고 반론한다. 부인하지 않는다. 그들도 하나님 나라를 언급했다. 문제는 교회론에 비해 하나님 나라는 강조되지 않았다는 것이다. 세상으로부터 부름받은 에클레시아의 정신을 잃어버리고, 교회가 영혼을 구원하여 하늘나라로 보내는 일에만 집중하기 때문이다. 그리고 여전히 교회가 하나님 나라를 대신하는 어거스틴의 교회론에 매어 있어 교회가 하나님 나라를 증거하는 도구의 역할을 하지 않기 때문이다. 종교개혁을 거쳤음에도 불구하고 교회는 여전히 하나님 나라보다 교회를 강조하는 신학을 유지해 왔고, 오늘날에도 그 강조점의 변화가 없다는 것이다.

하나님 나라를 한마디로 정의하기는 쉽지 않다. 나는 래드(Ladd)와 골즈워디(Goldsworthy)의 하나님 나라 정의를 수용한다. "하나님의 나라는 주로 하나님의 역동적 통치 혹은 왕적인 다스리심이며, 파생적으로 그 다스림이 경험되는 영역을 뜻하게 된다."[225] "성경이 계시하고 있는 하나님의 나라는, 그분의 피조물들이 기꺼이 그 공의로우신 다스림에 순복하는 하나님의 통치 영역입니다."[226] 하나님 나라는 하나님의 주권과 구분되며, 교회와도 구분된다. 하나님 나라는 하나님의 통치와 하나님의 공의로운 다스림이 나타나는 영역이다. 그리고 복음은 하나님 나라가 어둠의 나라가 지배하는 이 세상 속에 침투하여 들어온 것이다.

---

225 George Ladd, 「하나님 나라」, 318.
226 Graeme Goldsworthy, 「복음과 하나님 나라」, 74.

하나님 나라와 이혼한 복음

제3부

하나님 나라 목회
어떻게 하나?

1장

하나님 나라를 비추는 교회
●
●
●

초대 교회는 부자와 가난한 자, 백인과 흑인, 종과 주인이 한 식탁에 앉아 한 음식을 먹으며 하나님 나라가 어떤 것인가를 보여 주었다. 초기 교인들은 재산을 팔아 가난한 자들에게 나누어 주며 그들이 바라보며 기다리는 하나님 나라에는 가난과 고통과 눈물이 없고, 그 나라는 사랑과 평화와 정의의 나라임을 보여 주었다.

  나는 전도보다 더 중요한 것이 교회가 교회다움을 회복하는 것이라고 생각한다. 아무리 전도를 열심히 해서 교회를 가득 채운다 해도 교회가 교회의 기능을 제대로 못하면 어떻게 될까? 나는 선교지에서 목회자들을 훈련할 때 백지 한 장씩 나누어 주고 각자가 가지고 있는 교회의 이미지를 그려 보라고 한다. 대부분 예배드리는 모습을 그리든지 예배당 건물을 그린다. 그런데 내가 보고 싶은 그림은 식탁에 둘러앉아 함께 밥을 먹는 모습이다.

  예루살렘 교회를 보면 매일 집에서 모여 밥을 먹었다. 모두가 한 상에서 같은 음식을 먹었다. 부자이든 가난한 자든, 상전이든 종이든, 흑인이든 백인이든 모두 같은 식탁에 앉아 같은 음식을 먹었다. 예루살렘 교회는 하나님 나라의 복음을 전하며 그들의 식탁 교제를 통하여 하나님 나라가 어떤 나라인가를 보여 주었다. 교회는 '종말론적 식탁 공동체'이다. 그들은 식탁 교제를 통하여 하나님 나라를 선포했다. 교회의 존재 자체가 전도이어야 한다.

하나님 나라를 목회하기 위해 우리는 하나님 나라가 무엇이며, 교회가 무엇인가를 잘 이해할 필요가 있다. 교회는 그 스스로가 존재 목적을 갖지 않는다. 교회는 하나님 나라를 증거하기 위해 존재한다. 교회의 본질이 무엇인지 이해해야 하나님 나라 목회를 할 수 있다. 만일 누가 나에게 하나님 나라가 무엇이냐 묻는다면 나는 '하나님의 다스림과 그 통치 영역'이라고 대답할 것이다. 현대적으로 표현하면 '하나님의 정부'라고 할 수 있다. 물론 그 영역이 물리적으로 한정되고 고정된 개념은 아니다.

1. 부름받은 에클레시아로서의 교회

교회란 무엇인가? 성경에서 교회를 나타내는 말로는 오이코스(οἶκος, 가족), 폴리스(πόλις, 도시나 시민집단), 에클레시아(ἐκκλησία, 시민들의 회의) 등 다양한 표현들이 있다.[227] "이 모든 것들은

---

227 Mike Erre, 「교회, 하늘을 땅으로 가져오다」, 153.

제국에서 폭넓게 사용되던 정치적, 사회적 용어였다. 그리고 이 용어들을 사용할 때, 초대 교회는 자신을 로마 문화의 구조 및 제도와 나란히 놓았다." [228] 교회가 로마 제국의 용어들을 사용했다는 것 자체가 전복적이다.

복음서의 저자들은 로마 제국과 대치되는 다른 나라와 다른 왕을 선포했다. 일반적으로 에클레시아를 초기 기독교 운동에서 가장 많이 사용한 것으로 알고 있다. 박영호는 에클레시아가 1세기 말 또는 2세기 초에 가서야 중요한 명칭이 되었다고 하며, 이 단어를 가장 많이 사용한 바울이 어떤 의도로 이 단어를 사용했는지 밝히려 한다. [229] 고대 그리스에서 "무력한 개인을 최고의 주권자인 시민으로 만드는 것이 그들이 함께 모이는 집회, 즉 에클레시아였다." [230] 에클레시아는 원래 정치 용어였다.

고대 아테네에서 데모스($\delta\eta\mu o\varsigma$, 군중)가 모여 에클레시아 ($\dot{\epsilon}\kappa\kappa\lambda\eta\sigma\acute{\iota}\alpha$)를 이루었다. 그러므로 많은 경우 데모스와 에클레시아는 호환적으로 사용되었다. [231] 로마 제국에서 에클레시아의 존재가 그리스의 도시국가들에서만큼 존중되지 못했다고 한다. 평의회가

---

228 Ibid., 196.

229 박영호, 「에클레시아」, 22.

230 Ibid., 33.

231 Ibid., 32.

하나님 나라와 이혼한 복음

결정한 사항을 단지 추인하는 정도의 권한만을 행사했기 때문이다. "디아스포라 유대인들뿐 아니라 팔레스타인의 유대인들도 그리스의 정치문화와 데모스가 자신들의 권한을 행사하는 방식을 익히 알고 있었다."[232]고 한다. "70인 역에 나타나는 에클레시아의 용례는 민족 전체의 집회, 보다 정확하게는 민족 전체를 대표하는 집회를 가리킨다."[233]

유대 문화에서 에클레시아는 하나님의 언약을 잘 지키기 위한 어떤 결정을 내릴 때 승인하고 선포하는 기능을 했다. "바울의 가장 큰 공헌은 이 용어를 이방인으로 구성된 지역 회중들, 곧 한 폴리스의 하나님 백성 전체를 대표하는 그룹에 적용했다는 점이다."[234] 교회는 에클레시아(ek-klesia)이다. 'ek(밖으로)'와 'caleo(부르다)'의 합성어이다. 한 도시의 교회는 그 도시를 복음화하기 위해 그 도시에 부름받은 무리들이다. 교회는 세상으로 보내지기 위해 세상으로부터 부름받은 사람들이다. 에클레시아는 자신을 위한 조직이 아니다.

구약의 하나님의 백성 공동체와 신약의 교회 공동체 사이에

---

232 Ibid., 193.

233 Ibid., 192.

234 Ibid., 291.

예수 공동체가 존재한다. 예수님은 과연 교회를 세울 의도를 가지고 계셨는지에 대한 논쟁이 많다. 게르하르트 로핑크(Gerhard Lohfink)는 예수 공동체를 이렇게 설명한다. "예수에게 제자단이란 이스라엘의 거룩한 남은 자들이나 이스라엘 내부의 무슨 특수 공동체가 아니다. 더구나 이스라엘을 대신하는 존재는 더욱 아니다."[235] 예수 공동체가 결코 이스라엘에서 분리된 것이 아니라는 것이다. "제자단은 오히려 바야흐로 아직은 전체적으로 모일 수 없는 온 이스라엘을 대표하는 존재이자, 동시에 언젠가 충만한 숫자로 모여 이루어져야 할 세말 이스라엘을 예표하는 존재다."[236] 예수 공동체는 종말의 이스라엘의 예표라고 한다.

예수님의 죽음과 부활 후에 세워진 교회의 자기 인식은 무엇일까? 로핑크는 사도행전의 서두에 나오는 세 가지 사건으로 초기 교회의 정체성을 찾는다. 오순절 베드로의 설교와 그 설교에 따른 반응으로 나타난 세례행위와 가룟 유다를 대신해 맛디아를 세움으로 12명의 사도를 재결속하는 것이다.[237] 베드로의 설교는 이스라엘에 대한 설교였고, 세례는 이스라엘을 모으는 것이었으

---

235 Gerhard Lohfink, 「예수는 어떤 공동체를 원했나」, 정한교 역, 재판 (칠곡: 분도출판사, 1996), 128.

236 Ibid.

237 Gerhard Lohfink, 「예수는 어떤 공동체를 원했나」, 133-4.

며, 12제자의 재구성은 이스라엘에 대한 종말론적 징표였다.[238]

예수의 종말론적 이스라엘 결집 운동이 초기 기독교 공동체 안에서 그대로 전수되었다. "예루살렘의 그리스도인 공동체는 자기네 자신을 '하느님의 에클레시아ἐκκλησία(교회)'라고 부른다(참조: 고전 15:9; 갈 1:13) ⋯ 구약성서 번역인 70인역(Septuaginta)에서는 여러 중요한 대목에서 구약의 계약 백성이 야훼 앞에 모이는 카할(qahal)을 에클레시아로 번역했다."[239] 초기 교회는 전체 이스라엘 백성을 대표했다.

초대 교회는 그리스도의 죽음과 부활 사건 이후 참이스라엘로서 자기의 정체성을 확인한다. 물론 직접적으로 그렇게 표현한 적은 없지만 여러 가지 사건들 속에서 그들은 자기들의 정체성을 하나님의 백성인 참이스라엘로 규정하고 있다. 로마서 9–11장의 말씀을 통해보면, 참이스라엘인 교회와 민족 개념의 이스라엘이 동시에 등장한다.

로핑크는 "예수는 온 하느님의 백성의 모임을 원했고 죽음에 임해서까지도 온 이스라엘에 대한 자기 사명을 고수했다. 제자 공동체가 이스라엘을 대신하거나 해체 시킨다고 생각하지 않았다."고

---

238 Ibid.
239 Ibid., 135.

말한다.[240] 교회는 에클레시아이다. 세상 속에서 부름받은 하나님의 백성이며 참이스라엘이다.

"칼 바르트(K. Barth)에 의하면, '하나님의 백성' 인 교회는 하나님의 부르심에 의해 선택된(called out) 무리요, 하나님의 말씀 안에서 세움을 입고(called up), 그리고 다시 하나님의 증언자로서 세상 속으로 보냄을 받은 자들(called into)이다."[241] 교회를 마치 파선당하여 바다에 떠다니는 사람들을 보트에 건져 올리는 것으로 많이 비유한다. 과연 교회가 세상 위에 떠 있는 보트일까? 교회는 세상으로부터 부름받았고, 또한 세상으로 보냄을 받았다. 교회의 부름받은 목적은 하나님의 백성으로 세움받아서 세상으로 보냄받기 위함이다. 교회는 세상으로 보냄받은 존재이다.

2. 대항 문화, 대안 사회로서의 교회

초기 기독교 공동체는 세상을 변화시키는 대항 문화(counterculture)였다. "그들은 세계적인 군사적 초강대국 로마 한 가운데서 세상을 전복시키는 대항 문화로 존재했다."[242] 당시 세

---

240 Ibid., 140.

241 고용수, 「하나님 나라와 교육 목회」, (서울: 장로회신학대학교출판부, 2009), 23.

242 Mike Erre, 「교회, 하늘을 땅으로 가져오다」, 153.

하나님 나라와 이혼한 복음

례받는 것은 "공적 불순종"[243]이었다. 초기 기독교인들이 세례받는 자세는 오늘날의 그것과 매우 달랐다. 황제 숭배가 실행되던 당시 공개적으로 다른 나라를 선포하고 다른 왕을 따르기로 충성을 맹세하는 것은 하나의 중요한 사회적 행위인 동시에 세상과 우주가 예수 그리스도의 통치 아래로 재편된 것을 공개적으로 선포하는 전복적이고 혁명적인 행위였다. 그런 의미에서 세례는 공적 불순종의 행위였다. 하지만 오늘 한국 교회는 대항 문화도 대안 사회도 아니며 단지 하나의 이기적 종교 집단으로 보인다.

"로마 황제 시저가 전쟁을 마감하고 온 세상에 평화와 구원을 주었다는 '시저의 복음(the gospel of Caesar)'이 로마 대도시에 이미 보급되어 있었다."[244]고 한다.

> 예를 들자면 사도 바울은 그의 서신 빌립보서에서 빌립보 교인들에게 편지할 때, 로마 황제를 믿는 믿음을 상징하는 '믿음(pistis)'이란 용어를 사용하면서 그리스도인들은 예수님의 재림을 믿어야 한다고 말한다. 그리고 사도 바울은 그리스도인들이 로마 황제가 식민지 도시들을 방문하는 것(파

---

243 Ibid., 242.
244 Richard Horsley 편, 「바울과 로마제국」, 홍성철 역 (서울: 기독교문서선교회, 2007), 17-8.

루시아 Parousia, 바울은 이 용어를 예수님의 재림으로 사용한다)을 기대하는 것이 아니라고 말한다. 사도 바울은 그리스도인은 하늘로부터 다시 오실 예수 그리스도의 재림을 기대할 수 있어야 한다고 강조하면서 예수 그리스도의 재림을 빌립보 교인들에게 확신시키고자 하였다. 1세기 로마 제국주의 '구세주(savior)로 알려졌던 로마 황제들은 그들이 오래전에 세계에 평화를 주었고, 로마가 그들을 안전하게 지키고 있는다는 '시저의 복음'을 지중해 세계와 로마의 도시에 선전하였다. 그리고 소아시아 도시들은 그들의 구세주인 로마 황제에게 경의를 표하기 위해 신전과 사원을 건축하였고, 황제를 위한 축제들을 그들의 도시에서 정기적으로 개최하였다. 그리고 소아시아 도시들은 상호 간에 황제를 위한 충성과 도시 연맹의 결속을 다지며 로마 황제 시저를 경축하기 위한 시저 국제 경기대회(Caesar Games)를 정기적으로 열었다.[245]

이런 로마 제국의 상황 속에서 사도 바울은 황제 숭배가 극심했던 소아시아 지역에서 복음을 전하며 예수가 구원자(Savior)이

---

245 Ibid., 18.

하나님 나라와 이혼한 복음

며 주(Lord)라고 선포하며 예수의 파루시아(parusia)와 하나님 나라를 선포했다. "로마 황제 아우구스투스(Augustus)가 로마 최고 신 주피터(Jupiter)의 신적 대행자라는 믿음을 선전했다. 그리고 그의 후계자인 로마 황제들도 그들이 지상의 신적 대행자로서 세상을 통치한다는 이데올로기를 선전했다."[246] 리처드 보컴(Richad Bauckham)은 로마 제국의 황제 숭배 상황에서도 초기 교회가 제국의 용어들을 사용하며 예수의 하나님 되심과 재림을 선포했다고 한다.[247]

리처드 호슬리(Richard Horsley)는 "사도 바울은 이 로마 제국의 수직적 종속관계(partron-client relations)를 모방하여 예수 그리스도와 그리스도인의 관계를 설명한다."[248]고 한다. 로마 도시들의 엘리트들이 황제의 특별한 수혜를 받고 황제에게 충성했다. 이 전략으로 로마 제국은 동쪽으로 뻗어 나갔다.

바울은 이 수직적 종속관계를 예수 그리스도와 성도들의 관계에 접목했다. 수직적 종속관계가 예수 그리스도와 성도들 사이에 존재했지만 성도들 간에는 로마세계의 도시 공의회인 에클레

---

246 Ibid., 19.
247 Richad Bauckham, 「예수와 이스라엘의 하나님」, 이형일·안영미 역 (서울: 새물결플러스, 2019), 14.
248 Richard Horsley 편, 「바울과 로마제국」, 20.

시아와 전혀 다른 에클레시아였다. 즉 모두가 평등한 대안 사회였다. "바울 사도는 예수 그리스도의 재림을 고대하며 다가올 하나님 나라를 기대하면서 대안 공동체 사회로서 소아시아에 세상과 다른 교회 공동체를 세우는 일에 열정을 품었다."[249] 사도 바울은 소아시아 상황에서 로마 제국과 다른 윤리와 질서를 지닌 하나의 '대안 사회(alternative society)'를 꿈꾸었다.

"오늘날 제자 훈련 방법으로는 형제들을 우리의 문화 속에서 복음을 위하여 싸우는 전사로 무장시킬 수 없다. 세상 문화와 연결되기보다 분리된 기독교 세계와 삶의 비전은 21세기에 있어 진정한 제자 훈련과 거리가 먼 증거이다."[250] 세상과 동떨어진 오늘날의 교회의 가르침과 훈련으로는 그리스도인들이 거대한 세상에 다가갈 수 없고, 대안 공동체로서의 기능도 감당할 수 없다.

초기 기독교 역사를 보면 기독교는 로마 제국의 무역로를 중심으로 형성된 도시들에서 발전한다. 어쩌면 가장 세속적인 곳에서 교회는 다른 가치와 다른 이상을 세상에 보여 주었다.[251] 초기 교

---

249 Ibid., 28.

250 Gary Yagel, "Discipling Men's Hearts Through Kingdom Theology," (D. Min. diss., Reformed Theological Seminary, 2012), 175.

251 최종원, 「초대 교회사 다시 읽기」 (서울: 홍성사, 2018), 10.

하나님 나라와 이혼한 복음

회의 역사를 살펴보자는 것은 초기 교회가 완벽했다는 것이 아니다. 초기 교회에도 문제가 있었다. 그러나 우리는 초기 교회를 통하여 많은 것들을 배워야 한다. "초대 교회의 기록들은 교회가 직면한 문제와 도전 앞에서 어떠한 관점을 가지고 대응해야 할 것인지에 대해 구체적인 지침이 된다."[252] 초기 교회의 역사는 오늘날의 교회를 위한 매뉴얼이다. 교회의 형태는 시대마다 변화될 수 있다. 그러나 교회의 기본 원리는 변할 수 없다.

초기 교회 연구를 통하여 목회의 원리들을 찾아내고 그것들을 목회에 적용해야 한다. 초기 교회는 로마 제국 안에서 적어도 대항 문화로 존재했다. 그들은 하나님 나라를 교회 안에 실현하며 대안 사회를 제시했다. 한국 교회는 한국 사회에서 대항 문화와 대안 사회로서의 역할을 하고 있는가? 아니면 '자기들만 아는 이기적 집단'인가? 하나님 나라를 실현하는 목회를 통해 교회는 세상에 대안을 제시할 수 있다.

3. 하늘과 땅을 연결하는 교회

교회는 언제 시작했을까? 이 질문에 대한 대답은 다양하다. 로마 가톨릭은 예수님의 성육신을 교회의 출발로 보며, 자유주의

---

252 Ibid.

신학은 상당한 시간이 흐른 뒤에 유대교로부터 분리되면서 교회가 출발했다고 본다. 한편 복음주의는 일반적으로 예수의 승천을 기점으로 본다.[253] 가톨릭 교회가 강조하는 것은 그리스도의 몸으로서의 교회이다. "구원은 그리스도가 베푸는 것이다. 교회는 그리스도의 몸이다. 구원도 바로 그리스도의 몸인 교회가 베푸는 것이다."[254] 사제들은 빵과 포도주를 그리스도의 몸과 피로 바꾸는 능력을, 교회는 구원을 베푸는 능력을 가지게 되었다.

자유주의 신학은 인간 예수와 교조화된 그리스도를 구분한다. 지금의 기독교는 예수님의 죽음 후에 제자들이 신화화 작업을 통하여 만들어 냈으며 사도 바울이 그 결정적 역할을 했다고 본다. 자유주의 신학자 알버트 슈바이처(Albert Schweitzer)는 인간 예수와 종교로서의 기독교를 분리한다. "나사렛 예수는 자기가 살아 있는 동안에는 독자적인 교회를 세울 의도를 전혀 가지지 않았는데, 후에 제자들이 예수를 신화화해서 수용할 수 있는 도덕적 이미지 혹은 종교적인 이미지로 만들었다."[255] 예수님은 유대 묵시문학 전통의 종말론자이지 교회를 만들 의사가 전혀 없었다고 한다.

---

253 최종원, 「초대 교회사 다시 읽기」, 10.

254 Ibid., 25.

255 Ibid., 31-2.

하나님 나라와 이혼한 복음

복음주의자들은 일반적으로 예수님의 승천 이후에 교회가 세워졌다고 본다. 예수님이 부활 승천하시고 대신 이 땅에 당신의 교회를 남기셨다. "예수가 이 땅에서 했던 지상 사역과 예수가 지금도 하나님 보좌 우편에 앉아서 하는 천상의 사역을 연결시켜 주는 연결점으로 교회가 탄생한 것이다."[256] 가톨릭의 주장처럼 "예수는 한 번 하늘에 올라갔다가 다시 내려와서 살과 피로 임하겠다고 약속하지 않았다. 그 대신 성령을 보내 주겠다고 약속했다."[257]

그러므로 "교회는 예수 그리스도를 주로 고백하고 성령이 함께함을 믿는 신자들의 공동체"[258] 라는 것이 복음주의의 일반적 정의라고 할 수 있다. 예수님의 제자들은 십자가 사건 후 모두 도망쳤다. 그런데 부활과 승천 사건 이후에 다시 모여들어 교회를 세우게 되고 오순절 사건을 통하여 공식적으로 세상에 드러나게 된다.

초기 교회는 곧 동방과 서방으로 나누어지게 된다. 두 교회의 분열의 원인으로 문화적, 언어적 요인이 있다. 동방 교회는 헬라어를, 서방 교회는 라틴어를 공용어로 사용했으며, 동방 교회는 헬라 철학의 토대 위에, 서방 교회는 로마의 법 체계 위에 신학을

---

256 Ibid., 34.
257 Ibid., 35.
258 Ibid.

세워 갔다.[259]

반면 라틴 교회는 테르툴리아누스의 신학적 기초 위에 공로주의가 세워지고, 칠성사는 라틴 교회의 중심이 되었다. "칠성사는 대부분 일생에 단 한 번 받는 성사이다. 그러나 한 번의 성사 참석이 모든 사람에게 기준 이상의 도덕적 수준을 갖추도록 돕지는 못한다. 여기에서 파생된 것이 성찬식과 고해성사이다."[260] 결론적으로 교회가 예수님의 자리에 앉아 구원을 결정하는 절대 권한을 가지게 된다. 오늘까지 가톨릭 교회가 "교회 밖에는 구원이 없다"고 하는 이유가 여기에 있다.

동방 교회는 초기 교회가 출발한 지점을 중심으로 발전해 왔다. 7세기 이후 서방과 동방이 신학적 마찰을 빚게 되고 동방이 스스로 정교회라 부르게 된다. 동방 교회에서 신플라톤주의는 기독교 신학과 융화를 이루게 된다. "동방 교회에서의 용어나 개념은 신플라톤 철학과 같은 복잡한 철학적 개념에 뿌리를 두고 있는 경우가 많다. 동방 교회의 성례와 성사 개념도 그렇다. 철학적 개념이다 보니 법률적인 규정과 비교했을 때 설명하기 복잡하다."[261]

플라톤의 철학에서 이데아는 만물의 본질이고 현실 세계는 이

---

259 Ibid., 129.
260 Ibid., 143.
261 Ibid., 160.

하나님 나라와 이혼한 복음

데아의 그림자이다. 그러므로 천상의 세계와 지상의 세계 사이에는 건널 수 없는 큰 강이 흐르게 된다. 동방정교회 예배에 참석해 보면 사제가 커튼으로 가려진 지성소(강단)에 올라갔다 내려왔다 하면서 예배를 집전한다. 사제가 천상의 세계와 지상의 세계를 오가며 예배를 인도하는 것이다.

가톨릭교회와 개신교회는 서방 교회의 전통에 따라 죄에서의 해방과 자유로서의 구원을 선포한다. 서구 신학은 스콜라학으로 대표되는 논리 신학으로 신, 대속, 구원, 종말 등 모든 신학적 문제들을 인간의 논리와 이성으로 규정하고자 한다. 그러나 무엇인가를 정의한다는 것은 초월적인 존재로서의 신과 그를 둘러싼 지식들을 편리하게 이해하게 하는 점은 있지만, 언어로 다 담을 수 없는 신의 성품과 특성을 인간의 이성의 범위 내로 제한해 버린다는 것이다. 반면 동방 교회는 구원을 인간 창조 당시의 모습으로 회복해 나가는 과정으로 본다.

특히 개신교에서 구원을 그리스도인이 이미 성취한 것으로 보는 것과는 다르게, 동방 교회에서 구원은 미래에 성취될 현재 진행 중인 여정으로 그려 나간다는 점에서 진지하면서도 끊임없이 삶을 되돌아볼 수 있게 해 준다. … 과연 구원이란 과거 어느 특정 시점에 값없이 얻은 것으로 결코 취소될 수 없는 물리적인 성취의 대상으로만 보는 것으로 충분할 것인가? 구원의 확신의 정도를 이른바 좋은 신앙의 척도로 간주하는 한, '두렵고 떨림으로 구원을 이루어 가는 삶'(빌 2:12)이라는 것을 제대로 이해하고 실천하기는 요원할 뿐이다. 초대 교회로 돌아간다는 명제 속에는 겸손한 마음으로, 또 열린 마음으로 낯설지만 더 오랜 뿌리라고 할 수 있는 동방 교회에 관심을 두는 것도 포함되어야 마땅할 것이다.[262]

우리는 동방 교회로부터 구원을 하나님이 창조하신 최초의 인간 모습과 모든 피조물의 회복으로, 구원을 법정 용어인 칭의 중심의 과거에 성취한 것으로 보는 것에서 하나의 과정으로서 미래적 완성을 향해 나아가는 것으로 보는 것을 배울 수 있다.

초대 교회를 서로마의 멸망까지 본다면 초대 교회의 역사에는 좋은 것만 있지 않다. 아주 짧은 시간이기는 하지만 분명 영광의 시간도 있었다. 그러나 많은 문제를 가지고 있는 인간들의 집단 안에 다툼과 분열의 시간들이 있었다는 사실을 부인할 수 없다.

---

262 Ibid., 172.

"아우구스티누스는 신의 약속이라고 생각했던 로마의 무너짐을 지켜보며 역사의 신을 기억했다. 그리고 새롭게 신의 도성에 대한 소망을 제시했다."[263] 초대 교회는 역사 속으로 사라졌다. 그러나 초대 교회로부터 배워야 할 교훈들은 우리에게 과제로 남아 있다.

> 시몬 베드로가 대답하여 이르되 주는 그리스도시요 살아 계신 하나님의 아들이시니이다 예수께서 대답하여 이르시되 바요나 시몬아 네가 복이 있도다 이를 네게 알게 한 이는 혈육이 아니요 하늘에 계신 내 아버지시니라 또 내가 네게 이르노니 너는 베드로라 내가 이 반석 위에 내 교회를 세우리니 음부의 권세가 이기지 못하리니 내가 천국 열쇠를 네게 주리니 네가 땅에서 무엇이든지 매면 하늘에서도 매일 것이요 네가 땅에서 무엇이든지 풀면 하늘에서도 풀리리라 하시고(마 16:16-19).

베드로는 예수를 "그리스도시요 살아 계신 하나님의 아들"이라고 고백한다. 예수는 하나님의 아들이시며 그리스도이시다. 이

---

263 류호영, "마태복음 16:16-19에 나타난 예수의 정체성과 하나님 나라의 유기적 관계," 「신약연구」, 제17권 3호 (2018): 491.

것은 하나님의 천상의 왕권을 지상에 온전히 구현함으로써, 종말론적인 메시아의 사역을 감당하시는 분이라는 뜻이다. "예수님은 하늘의 왕권을 가지고 이 땅에 오신 메시아이시다. 그분은 하늘과 땅을 연결하러 오셨다. 예수는 자신을 이렇게 이해하고 고백하는 베드로 위에 자신의 교회를 세우시며, 이렇게 고백하는 베드로에게 하나님의 나라의 (문의) 열쇠를 주신다."[264]

예수님은 그의 아버지의 나라, '하나님 나라'를 이 땅에 세우러 오셨다. 그의 몸인 교회는 하늘과 땅을 연결하라고 예수님께서 세우신 기관이며, 교회의 사명은 하나님 나라를 이 땅에 세우는 것이다. "나라가 임하옵시며 뜻이 하늘에서 이루어진 것같이 땅에서도 이루어지이다." 교회는 하늘과 땅을 연결하는 통로이며, 현 세상과 오는 세상을 연결하는 다리이다.

4. 하나님 나라를 확장하는 도구로서의 교회

교회는 그 자체의 존재 목적을 갖지 않는다. 교회는 하나님의 나라, 그분의 통치를 확장하는 도구에 불과하다. 교회는 하나님 나라의 백성이지, 하나님 나라가 아니다. 교회의 목적은 하나님 나라를 증언하는 것이다. "교회의 증언은 미래에 있을 그 나라의

---

264 Ibid., 450.

하나님 나라와 이혼한 복음

충만한 향연을 위해 애피타이저를 제공하는 것과 같다."[265] 교회
는 미래에 있을 일을 앞당겨 보여 주는 곳이다. 교회는 사탄의 나
라, 어둠의 나라를 대적하며 이 '악한 세대'(갈 1:4)에 세워져 있지
만 미래를 가리키는 나침반과 같은 것이다.

"초대 기독교 공동체는 자신의 이익을 위해 존재하지 않았다.
그 공동체는 세상을 위해 세상 안에 존재했다."[266] "교회의 선교
는 하늘의 전초기지, 즉 자기 자신들의 것이 아닌 땅에 살고 있는
식민지(colony)가 되었다."[267] 교회는 세상을 정복하기 위한 하나
님 나라의 전초기지이다. "세상 나라가 우리 주와 그의 그리스도
의 나라가 되어 그가 세세토록 왕 노릇"(계 11:15) 하실 때까지 영적
싸움을 싸워야 한다.

> 그 나라의 일을 하기보다는 교회의 일을 하고 있다고 생각
> 할 때, 교회는 어려움에 직면한다. 교회 일에서, 사람들은
> 교회 활동, 종교 행위 그리고 영적인 일들에 관심을 가진다.
> 그 나라 일에서, 사람들은 그 나라 활동, 모든 인간의 행위
> 그리고 하나님이 만드신 보이는 것과 보이지 않는 것 등 모

---

265 Mike Erre, 「교회, 하늘을 땅으로 가져오다」, 96.

266 Ibid., 164.

267 Ibid., 164.

든 것에 관심을 가진다. 그 나라의 사람들은 인간의 일들을 영적 의미와 그 나라의 중요성으로 충만한 것으로 본다. 그 나라의 사람들은 하나님 나라와 의를 먼저 구한다. 그러나 교회의 사람들은 종종 교회 일을 정의, 자비 그리고 진리에 대한 관심 위에 놓는다. 교회의 사람들은 어떻게 하면 사람들을 교회로 데려올지에 대해 생각한다. 그러나 그 나라의 사람들은 어떻게 하면 교회를 세상으로 가져갈 수 있는지에 대해 생각한다. 교회의 사람들은 세상이 교회를 변화시키지 않을까 하고 걱정한다. 그러나 그 나라의 사람들은 교회가 세상을 변화시키는 것을 보기 위해 일한다. … 만일 교회에 하나의 큰 필요가 있다면 이것이다. 하나님 나라를 위해 해방되는 것, 즉 하나님의 의도하신 대로의 자기 자신이 되기 위해 스스로부터 자유를 얻는 것. 교회는 하나님의 경륜에 충만하게 참여하기 위해 자유로워져야 한다.[268]

하나님 나라를 증거하고 나타내는 교회는 사람들을 교회로 데리고 오기보다는 교회를 세상으로 데리고 가려고 한다. 그런 의미에서 마이크 어(Erre)는 교회가 반제도적 제도(anti-institutional

---

268 Mike Erre, 「교회, 하늘을 땅으로 가져오다」, 186-7.

institution)가 되어야 한다고 한다.[269] 교회 중심에서 하나님 나라 중심의 신학적 목회적 전환이 필요하다는 것이다.

건강한 교회의 모습을 갖기 위하여 하나님 나라의 복음을 회복해야 한다. 왜 교회는 하나님 나라의 복음을 잃어버렸을까? 많은 자유주의 학자들이 이 논쟁을 위해 바울에게로 거슬러 올라간다. 그들은 예수는 단지 유대교의 선지자였고, 바울이 기독교의 창시자라고 한다. 바울이 역사적 예수를 신앙의 그리스도로 바꾸었다고 한다. 바울이 예수가 선포한 하나님 나라의 복음을 그리스도의 복음으로 바꾸었다는 것이다.

제임스 던(James Dunn)은 그의 책 「초기 기독교의 기원」에서 두 가지의 질문을 던진다. 첫째는 "어떻게 예수의 천국 메시지가 주(Lord)로서 십자가에 못 박힌 예수에 관한 바울의 복음이 되었으며, 어떻게 복음 선포자인 예수가 복음의 내용이 되었고, 어떻게 예수의 복음이 예수에 대한 복음이 되었는가?"이고, 둘째는 "어떻게 한 유대 종파가 이방인을 위한 종교가 되었는가?"이다.[270] 그런데 던은 자유주의자들이 "역사의 예수/신앙의 그리스도"를 재구성했다고 한다.[271] 과연 바울이 기독교의 창시자인가?

---

269 Ibid.

270 James Dunn, 「초기 기독교의 기원 (상)」, 문현인 역 (서울: 새물결플러스, 2019), 46.

271 Ibid., 52-3.

데이비드 웨넘(David Wenham)은 예수와 바울 사이에 많은 공통점이 있지만 여전히 차이점도 있다고 한다. 그는 특별히 용어상의 차이를 지적한다. 예수의 "하나님 나라"라는 용어와 바울의 "의"라는 용어이다.[272] "바울은 '하나님 나라'라는 표현보다 '의'와 '화목'이라는 용어를 더 선호하는 등 예수와는 다른 용어를 사용했지만, 그 근저에 깔려 있는 하나님의 구원의 새날이 도래하였다는 개념은 두 사람 모두에게 존재하였다."[273] 예수와 바울 둘 다 표현 방식의 차이는 있지만 하나님 나라를 갈망하는 종말론적 희망을 공유하고 있다.

존 브라이트(John Bright)는 하나님 나라 사상은 이스라엘 신앙의 구조였으며, 신앙의 핵심이었다고 한다. "이스라엘 민족은 그들이 하나님의 백성이라는 조그마한 소명 의식과 역사의 주이신 하나님의 성실성과 능력에 대한 조그마한 신앙이라도 간직하고 있는 한 그들에게는 언제나 도래할 하나님 나라에 대한 생동적인 소망이 살아 있었다."[274] 유대인들은 어떤 역사의 절망 속에서도

---

272 David Wenham, 「바울: 예수의 추종자인가 기독교의 창시자인가?」, 박문재 역 (고양: 크리스챤다이제스트, 2002), 519.
273 Ibid., 514.
274 John Bright, 「하나님 나라」, 김철손 역, 15판 (서울: 컨콜디아,1992), 245.

하나님 나라의 꿈을 잃어버린 적이 없다.

그러나 예수님께서 즐겨 사용하신 '하나님 나라'가 유대교에서 흔히 사용하던 표현이 아니었다는 사실을 우리는 기억해야 한다. 그들은 '하나님 백성'이란 용어를 사용했다. 그럼에도 불구하고 바울은 여러 차례 '하나님 나라'라는 용어를 사용한다. 아마도 바울은 율법학자로서 하나님 나라 사상을 깊이 인식하고 있었을 것이며, 이사야 53장에 근거하여 예수의 죽음이 인간의 죄를 사하고 의롭게 한다는 "칭의론"을 펼쳤을 것이다.

웨넘은 "바울의 해석이 극히 중요함에도 불구하고, 그가 기독교의 창시자였다고 누가 주장했다면, 바울은 기겁했을 것이다."[275]라고 한다. 바울은 자신의 신학을 편 것이 아니라 예수의 신학을 폈다. 바울의 신학 원천은 예수이고 그는 예수 그리스도의 종이라고 자신을 표현했다. 던은 "예수의 사역과 부활절 이후 복음 사이의 괴리를 과장하지 않아야 한다. 예수의 전승이(이후의 복음 구성 방식에서) 복음으로, 즉 초기 교회들의 설교와 가르침의 표현으로 제시될 수 있었다는 사실은 너무 자주 그랬듯이 무시되면 안 된다."[276]고 한다. 브라이트는 바울이 '초대 교회의 선포(Kerygma)'

---

275 David Wenham, 「바울: 예수의 추종자인가 기독교의 창시자인가?」, 562.

276 James Dunn, 「초기 기독교의 기원 (하)」, 문현인 역 (서울: 새물결플러스, 2019), 1593.

를 반복하고 있다고 주장한다.[277]

바울이 복음서의 저자들보다 '하나님 나라'를 더 적게 사용하고 있다는 것은 사실이다. 12번밖에 사용하지 않는다. 그러나 골로새서 1:13은 우리의 구원이 어둠의 나라에서 해방되어 하나님의 나라로 들어가는 것임을 분명히 한다. "그가 우리를 흑암의 권세에서 건져 내사 그의 사랑의 아들의 나라로 옮기셨으니." 또한 디모데후서 4:18에서 바울은 자신의 구원도 하나님 나라에 들어가는 것이라고 했다. "주께서 나를 모든 악한 일에서 건져 내시고 또 그의 천국에 들어가도록 구원하시리니 그에게 영광이 세세무궁토록 있을지어다 아멘."

또한 바울은 고린도전서 6:9-10, 갈라디아서 5:19-21, 에베소서 5:5에서 "하나님 나라를 유업으로 받는 것"이라는 표현도 사용한다. 비록 바울은 그의 서신들 속에 "하나님 나라"라는 용어를 빈번하게 사용하고 있지는 않지만 예수의 추종자로 또 유대인으로 하나님 나라를 잘 이해하고 있었고 그의 가르침 속에 "하나님 나라"는 녹아 있다. 바울이 예수님에 비해 하나님 나라를 자주 언급하지 않은 것은, "팔레스타인에서 유대인들이 잘 알고 있었을 '하나님 나라'라는 용어는 바울의 독자들이었던 헬라어 사

---

277 John Bright, 「하나님 나라」, 248.

　　　　　　　　　　　　　　　하나님 나라와 이혼한 복음

용자들에게는 훨씬 덜 알려져 있었을 것"[278]이기 때문이다. 이것을 우리는 바울이 신학을 헬라 문화에 상황화시킨 것이라 할 수 있다.

예수님은 "회개하라, 하나님 나라가 가까웠느니라"고 외쳤고, 수많은 비유를 통해 하나님 나라를 가르치셨고, 귀신을 쫓아내며 병자를 고치시며 하나님 나라의 실존을 보여 주셨다. 예수님의 부활과 승천, 오순절 사건으로 세워진 예루살렘교회는 기적을 행하고 재산을 팔아 가난한 자들에게 나누어 주며 하나님 나라를 증거했다.

사도 바울이 세운 소아시아의 교회들은 로마 제국의 황제 숭배 강요에도 불구하고 황제가 세운 도시들의 에클레시아와 대조되는 전복적인 에클레시아를 '대안 사회'로 제시한다. 에클레시아는 이 세상 나라와 로마 제국과 전혀 다른 '거꾸로 된 나라', '전복된 나라'인 하나님 나라를 선포했다. 교회는 하나님 나라의 모형이고 거울이자 하나님 나라의 대사관이다. 그곳에는 땅의 질서가 아닌 하늘의 질서가 통치한다. 교회는 하나님 나라를 증언하고 나타내는 '종말론적 하나님 나라 백성 공동체'이다.

---

278 David Wenham, 「바울: 예수의 추종자인가 기독교의 창시자인가?」, 122.

"신약성서가 이구동성으로 선포하고 있는 좋은 소식은 예수는 참으로 약속된 메시아이며 이스라엘의 모든 희망의 실현이며, 그는 사람들 가운데 하나님 나라를 세우러 왔다는 것이다."[279] 예수님은 이스라엘의 소망을 현실로 가져온 메시아이다. 그러므로 구약성경과 신약성경은 단절이 없이 연결된다. 이스라엘이 기다리던 메시아는 군사를 동원하여 로마 제국에서 민족을 해방시키는 것이었다. 특별히 열심당이 민족해방운동에 앞장섰다.

이스라엘은 율법 공동체를 지향했다. 율법이 나라의 통치 이념이었다. 즉 율법 준수를 통하여 하나님의 백성을 유지하기를 원했다. 열심당들은 수많은 반란을 통하여 로마에 저항했지만 결과는 로마의 잔인무도한 보복이었다. 열심당들의 반란으로도 또한 율법 공동체를 통하여서도 그들은 하나님 나라를 건설하지 못했으며 거룩함도 나타내지 못했다. 그러나 신약의 전도자들은 예수가 구약의 소망을 실현시켰다고 전한다.

"구약성서는 거의 전적으로 이스라엘 백성의 장래에 관심을 두고 있는 반면, 신약성서는 그같이 한정된 지평을 재빨리 파괴시키고 훨씬 더 광대한 구조를 세우고 있다."[280] 브라이트는 분명히

---

279 John Bright, 「하나님 나라」, 249.
280 Ibid., 253.

'새것'이 있다고 한다. 신약성서는 구약과 신약을 비교해 가며 새 계약은 '보다 좋은 것'이라고 한다(히7:22; 8:6). 그리스도는 인간의 공적 계약을 은총의 계약으로 전환시켰을 뿐 새로운 종교를 만들려고 하지 않았다. 신약성경은 구약성경의 연장선에 있다.[281]

예수님은 이렇게 말씀하셨다. "내가 율법이나 선지자를 폐하러 온 줄로 생각하지 말라 폐하러 온 것이 아니요 완전하게 하려 함이라(마 5:17). 바울도 비슷한 말을 했다. "그런즉 우리가 믿음으로 말미암아 율법을 파기하느냐 그럴 수 없느니라 도리어 율법을 굳게 세우느니라(롬 3: 31).

"그의 제자들도 새로운 종교를 창설하려 하지는 않았다. 오히려 그들은 꼭 필요한 경우에, 부득이한 경우에 유대교를 대항했다. 신약성서 기자들은 자기들이 참유대교와 이스라엘 희망의 진정한 실현을 소유하고 있는 자들이라고 한결같이 주장했다."[282] 신약성경과 구약성경의 관계는 상호 유기적이다. 전자는 '희망'이고 후자는 '성취'이다.

세례 요한은 "때가 찼고 하나님의 나라가 가까이 왔으니 회개하고 복음을 믿으라(막 1: 15)라고 했다. 예수님은 "너희가 보는 것

---

281 Ibid., 252-7.
282 Ibid., 256

을 보는 눈은 복이 있도다. 내가 너희에게 말하노니 많은 선지자와 임금이 너희가 보는 바를 보고자 하였으되 보지 못하였으며 너희가 듣는 바를 듣고자 하였으되 못하였느니라."(눅 10:23-24)고 하셨다. 세례 요한에게서 옛 질서는 끝났고 예수님에게서 새 질서가 시작되었다. "성서는 한 책이다. 그 책에 이름을 붙여야 한다면 '도래할 하나님 나라에 관한 책'이라 붙이는 것이 정당할 것이다."[283] 예수님은 구약성경의 성취이며 하나님 나라 건설자로 이 땅에 오셨다.

"교회는 하나님의 거룩한 공동체요, 참 남은 자이며, 새 계약의 백성이요, 이스라엘의 소명과 사명의 계승자이다."[284] "참교회는 새 이스라엘로 존속해야 한다."[285] 교회는 '흩어져 있는 열두 지파'(약 1:1), '하나님의 이스라엘'(갈 6:16), '제사장들의 나라'(계 5:10)이다. "교회가 새 이스라엘이라면, 그것은 이스라엘의 사명과 선교의 책임을 받은 것이다."[286] 교회는 새 이스라엘로 이스라엘이 소망하던 하나님의 통치, 하나님 나라를 전하는 것이다. 선교는

---

[283] Ibid., 258.
[284] Ibid., 330.
[285] Ibid., 331.
[286] Ibid., 334.

206   하나님 나라와 이혼한 복음

하나님 나라 안으로 불러들이는 것이며 인간의 구원도 하나님 나라 안에서 논해야 한다.

만일 교회가 새 이스라엘이고 하나님과 새 계약을 맺은 백성이라면, "그들은 하나님의 의를 세상에 보여 주기 위하여 부름받았으며, 이 세상에서 그 나라를 선포할 책임과, 그 나라의 계약의 친교로 인간들을 부를 책임을 맡았다고 이해했다. 그 교회에 모든 약속이 주어졌다. 그리고 우리는 그 교회가 되기 위하여 부름받았다."[287]

예수님은 니고데모에게 거듭나지 않으면 하나님 나라를 볼 수도, 들어갈 수도 없다고 하셨고 그를 하나님 나라로 초대하셨다 (요 3장). 산상수훈에서 예수님은 "너희는 먼저 그의 나라와 그의 의를 구하라 그리하면 이 모든 것을 너희에게 더 하시리라"(마 6:33)라고 하셨다. 우리가 최우선적으로 구할 것은 하나님의 나라와 그의 의다. 교회의 사명은 사람들을 하나님 통치 아래로, 하나님의 나라 안으로 인도하여 그 나라를 누리며 살게 하는 것이다.

교회가 하나님 나라를 증거하지 않고 교회 자체만을 세우게 되면 많은 문제가 생긴다. "교회를 세우고자 하는 사람들은 교회의 여러 가지 활동, 즉 종교적인 행위와 신령한 것들에만 신경을 쓴

---

287 Ibid., 338.

다. 그러나 하나님 나라를 세우고자 하는 사람들은 하나님 나라의 여러 가지 활동, 즉 인간의 모든 행위와 보이는 것이나 보이지 않는 것이나 하나님이 만드신 만물에 신경을 쓴다."[288]

교회가 하나님 나라를 목회하지 않을 때 교회는 교회의 담장 안에 갇히게 된다. 그러므로 스나이더는 "하나님이 의도하신 대로의 교회가 되기 위해서 스스로의 속박에서 해방되는 것이다."[289]라고 한다. 그 해방은 하나님 나라를 위한 해방이다. 교회는 하나님 나라를 위해 해방되고 하나님 나라를 목회해야 한다.

---

288 Howard Snyder, 「참으로 해방된 교회」, 11.
289 Ibid., 12.

하나님 나라와 이혼한 복음

2장

하나님 나라를 경험하고 바라보는 예배

●
●
○

"예배는 하나님 나라를 바라보는 창이다." 하나님의 통치가 임하는 예배에는 기적이 일어난다. 병자가 치유되며 귀신들이 소리를 지르고 떠나간다. 하나님 나라가 임하면 어둠의 나라는 물러간다. 하나님 나라가 임하는 예배에는 코이노니아와 디아코니아가 있다. 공동체의식이 있고 가진 것을 자발적으로 나누는 나눔이 있다. 하나님의 자기 내어 주심(God's self-donation)인 '성찬'을 떼는 자들은 자신을 떼어 나누는 성례전적 삶을 산다.

스나이더(Snyder)는 오늘날 우리의 예배 문제를 이렇게 지적한다. "교회는 하나님 나라를 보는 하나의 창으로서의 예배에 더 분명한 초점을 맞출 필요가 있다."**290** 예배가 하나님을 경배하고 그 임재를 누리는 것뿐만 아니라, 하나님 나라를 선포하고 그 나라를 갈망하는 예배가 되어야 한다. 어(Erre)는 우리의 예배가 고백적이고, 직면적이고, 전복적인 성격을 잃어버렸다고 하며, 하나님 나라를 증언하기 위해 교회는 자기 왕을 고백해야 하며 예배에서

---

290 Howard A. Snyder, 「하나님 나라, 교회 그리고 세상」, 94.

이것을 가장 분명히 해야 한다고 한다.[291] 예배에서 하나님의 나라를 선포하고 그 나라의 통치자를 왕으로 찬양하는 것은 다른 나라와 다른 왕을 거부하는 것이다. 그런 면에서 로마 제국하에서 초대 교회가 드렸던 예배는 전복적 예배였다.

모든 방법에 있어서, 예수님과 그 나라의 메시지는 황제와 로마 제국의 메시지를 전복시켰다. 1세기 교회 당시에 로마는 불사신이었고 황제는 하늘과 땅의 주였다. 요한계시록에서 일곱 교회 중 두 교회는 소 아시아에서 황제 예배의 중심에 있었다(서머나와 버가모). 가이사의 주권 아래서 살고 있는 교회들과 다른 공동체들에게, 로마의 정복할 수 없는 불가항력 뒤에 놓여 있는 것은 괴뢰 왕이라는 사실을 요한은 계시한다. 황제가 땅의 주가 아니라, 예수님이 땅의 주님이시라는 것을 요한은 보았다. 그리고 황제 예배는 단지 하늘에 계신 이스라엘의 하나님께 드리는 찬양과 예배를 희미하게 흉내 낸 것에 불과하다는 것을 보았다(계 17-18장). 사자는 어린양이라는 것이 밝혀진다(계5:5-6), 순교자들은 정복자라는 것이 밝혀진다(계 12:10-11). 그리고 우주의 중심에

---

291 Mike Erre, 「교회, 하늘을 땅으로 가져오다」, 203.

하나님 나라와 이혼한 복음

는 보좌가 하나밖에 없고 그 위에는 가이사가 앉아 있지 않다(계 4).[292]

"교회는 예배를 통해 이 세상의 다른 주들을 대적하여 예수님의 주권을 고백한다. 교회는 예배를 통해 하나님 나라에 관한 좋은 소식을 보여 준다."[293] 교회는 이 세상에서 대안 나라이며, 예배는 그 나라를 선포하고 그 나라의 통치자이신 예수 그리스도에게 무릎 꿇는 것이다. 우리가 드리는 예배는 혁명적이고 전복적이다. 우리가 하나님 나라를 바라보는 창으로서의 예배를 드리게 되면 다음과 같은 일들을 예배에서 경험하게 될 것이다.

1. 예배 중에 하나님의 통치와 기적을 경험하게 된다

예배의 초점은 하나님의 임재이다. 우리가 하나님께 합당한 영광을 올려 드릴 때 하나님은 우리 예배 가운데 보좌로 임하신다. 그리고 당신이 우리의 왕이심을 드러내는 통치를 행하신다. 교회는 예수 그리스도의 몸이고 우리의 예배 가운데 예수님이 거니시며 성령께서 운행하신다.

---

292 Ibid., 201.
293 Ibid., 202.

사도행전 4장 23-31절에서 우리는 초대 교회 예배의 한 장면을 본다. "손을 내밀어 병을 낫게 하시옵고 표적과 기사가 거룩한 종 예수의 이름으로 이루어지게 하옵소서 하더라 빌기를 다하매 모인 곳이 진동하더니 무리가 다 성령이 충만하여 담대히 하나님의 말씀을 전하니라"(행 4:30-31). 초대 교회에는 성령의 강력한 임재가 있었다. 그러므로 교회는 성령으로 충만했고 담대히 복음을 증거할 수 있었다.

"치유의 하나님은 창조 이후 파괴된 세상을 끊임없이 돌보시며 치유하시고 새 하늘과 새 땅에서 새 생명을 선사하실 창조의 하나님이시다. 신유는 세상을 치유하시는 하나님의 창조 활동이다. 이런 점에서 현재적 신유는 종말론적 사건인 몸의 부활을 예고한다."[294] 치유는 종말론적 사건이다. 치유의 신학적 근거는 '실현된 종말론(realized eschatology)' 또는 '시작된 종말론(inaugurated eschatology)'에 있다. 종말이 이미 시작되었고 실행되고 있다는 것이다. 우리는 치유를 통해 우리의 몸의 구속을 기다리며 새 하늘과 새 땅을 바라본다.

만일 삼위일체 하나님이 우리 예배 가운데 임하시는 것을 경험한다면 우리의 예배는 달라진다. 예배는 하나님 나라의 일들을

---

[294] 박영식, "신유의 신학," 「신학과 선교」, 51권 (2017): 258.

하나님 나라와 이혼한 복음

경험하는 것이다.[295] "교회는 하나님의 최종적인 안식을 기대하면서 예배를 드리고 양육하고 증거하는 삶을 살아야 한다. 그러므로 주일 예배는 도래하고 있는 하나님의 나라를 미리 맛보는 것이다." 우리는 예배를 통하여 하나님 나라를 미리 앞당겨 맛보아야한다. 예루살렘 교회에는 많은 기적이 일어났다(행 2:43). 병자들이 치유받고 귀신들이 떠나갔다.

뉴비긴(Newbigin)은 복음서에 나오는 새로운 실재는 바로 예수의 현존이며, "새로운 질서가 현존하고 있다는 사실은 예수의 기적을 통해 입증되었다."[296]고 한다. 하나님 나라의 새 질서가 임하면 옛 질서인 어둠의 나라는 물러가게 된다. 병자들이 치유받고 귀신들이 떠나가는 것은 옛 질서가 파괴되고 새 질서가 임하고 있다는 가시적 표현이다. 그러므로 하나님 나라를 드러내는 예배에는 치유와 기적이 동반한다.

마이클 블락(Michael Vlach)과 같이 기적을 거부하는 신학자들도 많이 있다. "기적은 이 땅에 하나님 나라의 도래와 현존과 밀접한 연관이 있다. 하지만 우리는 지금 메시아 시대에 살고 있지 아니하고 교회 시대에 살고 있으므로 하나님 나라의 기적은 필요

---

295 Howard A. Snyder, 「하나님 나라, 교회 그리고 세상」, 95.
296 Leslie Newbigin, 「다원주의 사회에서의 복음」, 253.

하지 않다."[297] 그러나 이것은 세대주의적 논리이다. 누가 메시아 시대와 교회 시대를 마음대로 나눌 수 있는가? 성경은 이런 시대적 구분을 하지 않는다.

메시아 예수는 하나님 나라를 선포했고 교회는 하나님 나라를 증거하고 있다. 하나님 나라가 임하면 기적은 일어난다. 오늘날에는 기적이 일어나지 않는다고 생각하는 것은 18세기에 일어난 계몽주의의 영향을 받은 '이신론(deism)' 때문이다. 그들은 창조주 하나님이 당신이 만든 자연 법칙을 어기지 않는다고 한다. 엄밀히 말하면 기적이 하나님이 만든 자연 법칙을 어기는 것이 아니다. 자연 원래의 상태로 회복하는 것이다. 그리고 우리 그리스도인들은 인간과 자연이 원상태로 회복되는 하나님 나라의 완성인 새 하늘과 새 땅을 바라고 있고 그 열망을 예배를 통하여 나타내며 하나님 나라를 선포한다.

인도에서 30년간 선교사로 사역한 경험이 있는 뉴비긴은 복음 전파에 치유 행위가 따르지 않으면 무의미하다고 한다. 왜냐하면 복음 전파는 질문에 대한 응답인데 아무 일이 일어나지 않으면 질문도 없기 때문이다. 그러므로 그는 이렇게 말한다. "복음 전파

---

297 Michael Vlach, "God's Kingdom and the Miraculous," MSJ 25/2 (Fall 2014), 43.

는 기적의 맥락에서만 의미를 지닐 수 있다."²⁹⁸ 복음이 증거되는 선교지에서는 우리가 상상할 수 없는 기적들이 일어난다.

마가는 부활하신 예수님께서 복음을 전하기 위해 제자들을 열방에 파송하시면서 귀신을 쫓아내며 병을 고치는 능력을 주셨다고 한다. 그리고 제자들은 온 세상에 흩어져 복음을 전했을 때 주께서 표적으로 말씀을 확실하게 증거하도록 하셨다고 기록하고 있다. "제자들이 나가 두루 전파할새 주께서 함께 역사하사 그 따르는 표적으로 말씀을 확실히 증언하시니라"(막 16:20). 마태는 예수님께서 제자들에게 "하늘과 땅의 모든 권세를 내게 주셨으니"(마 28:18)라고 말씀하시며 제자들을 파송하는 장면을 기록한다.

우리의 선교 현장과 목회에 마땅히 기적이 일어나야 한다. 하나님 나라의 복음을 전하는데 기적이 일어나지 않는 것이 이상한 일이다. 문제는 우리가 하나님 나라의 복음을 증거하지 않고 이원론적 영혼 구원의 복음을 전하고 있다는 것이다. 영혼만 구원하여 천국에 보내면 되는데 왜 기적이 필요한가? 대부분의 우리는 몸의 구속도 피조물의 회복도 없는 단지 영혼 구원만 있는 복음을 증거하고 있다. 영혼 구원만의 복음이 선포되는 예배에는 기적이 설 자리가 없다.

---

298 Leslie Newbigin, 「다원주의 사회에서의 복음」, 252.

우리가 하나님 나라의 복음을 증거하며 하나님 나라를 선포하는 예배를 드릴 때 어둠의 나라와 하나님의 나라, 옛 질서와 새 질서가 충돌한다. 그러면 그곳에는 기적이 나타난다. 예수께서 병자를 고치시고 귀신을 쫓아내시며 하나님 나라의 복음을 전하셨다는 사실을 잊어서는 안 된다. 우리가 전하는 복음이 예수님이 전파하신 하나님 나라 복음이어야 하며, 우리의 전도 방식도 예수님이 하신 것처럼 귀신을 쫓아내고 병자를 고치며 전하는 방식이어야 한다. 치유는 유대인 관점에서 보면 병의 원인인 죄가 사함받는 것이며, 사탄의 권세에서 자유롭게 되는 것이다. 그러므로 치유는 육적 필요를 채우는 것이 아니라, 영적 필요를 채우는 행위이다.

1996년 아르헨티나에서 현지인 교회를 개척할 때 일이다. 아주 조그마한 공간을 임대하여 교회 개척을 시작했는데 교인들이 십여 명 생겨서 개척 예배를 드리게 되었다. 아르헨티나 침례교 1번지 교회인 중앙침례교회(Iglesia Bautista del Centro) 지교회로 개척했기 때문에 모교회 담임목사가 왔다. 예배를 인도하고 있는데 갑자기 어디서 타는 냄새가 나서 뒤돌아보니 앰프에서 연기가 올라오고 있었다. 그래서 앰프 코드를 뽑아 버리고 마이크 없이 예배를 계속 이어 갔다.

모교회 담임목사인 까를로스 므라이다(Carlos Mraida)가 마이크 없이 설교를 마친 후 정전이 되어 버렸다(아르헨티나는 주일 예배를 대부분 밤에 드린다). 므라이다 목사는 설교 후 본 교회 설교를 위해 돌아갔고 우리는 남은 순서를 끝내야 했다. 간단한 음식들이 준비되어 있었는데 전기가 없어 자동차 라이트를 교회로 향하여 켜 놓고 초대 손님들과 교인들이 함께 간단히 음식을 나누며 교제의 시간을 가졌다.

다음 날, 교회에 가까이 사는 우리 교회 다니는 부인 한 분이 교회에 와서 교회 옆 큰길로 나를 데리고 갔다. 지난밤에 우리 교회가 있는 블록만 정전된 이유가 길가에 있는 전봇대의 변압기가 탔기 때문이라고 했다. 그런데 그 전봇대 앞에 아이스크림 가게가 있었는데, 교회가 정전된 그날 경찰이 그 가게를 폐쇄시켜 버렸다고 한다. 가게 문에 폐쇄 스티커가 붙여져 있었고 폴리스 라인이 쳐져 있었다. 그 가게의 뒤와 우리 교회 뒤가 서로 맞닿아 있었다. 신기한 것은 그 가게 안쪽에 움반다[299] 심령술 집단의 모임 장소

---

299 '움반다'는 아프리카 토속신 중의 하나이며 브라질에서 생겨난 심령술 집단 이름이다. 16세기 아프리카에서 노예로 끌려온 사람들이 가져온 아프리카 토속신앙을 중심으로 아메리카 인디언들의 토속신앙과 남미의 신비적 로마 가톨릭 신앙이 혼합된 종교이다. 강력한 전파력으로 남미 전역에서 활동 중이며 교회에 적대적이며 서슴없이 교회 안에 들어와 저주한 물건들을 숨겨 놓고 가거나, 목사들 집 대문 앞에 저주를 해 놓고 가기도 한다.

가 있었는데, 그 심령술 집회 장소가 폐쇄되는 바람에 쫓겨났다는 것이다. 왜 우리가 교회 개척 예배를 드리는 날 그들은 그들의 집회 장소에서 쫓겨났을까? 우연의 일치일까?

그다음 주일 예배 때 설교를 하고 있는데, 그 부인이 갑자기 고목나무 쓰러지듯이 의자에서 떨어져 쓰러졌다. 설교를 중단하고 교인들과 함께 그 부인을 둘러싸고 기도하고 있는데 몇 분 후 마치 잠에서 깨어나듯 일어나 다시 예배를 드렸다. 주 중에 그분이 동네 청년 한 명을 데리고 왔는데 마약 중독자였다. 상담 후 그를 위해 기도했는데 그가 악한 영의 결박에서 풀려나게 되었다.[300]

다음 주 예배를 인도하고 있는데 이 청년이 친구 세 명과 함께 교회에 나타났다. 문을 열고 교회에 발을 딛는 순간 네 명이 교회 입구에서 쓰러졌다. 예배 후 그들을 위해 기도해 주었는데 그들을 사로잡고 있던 많은 귀신들이 소리를 지르고 떠나갔다. 그때부터 시작하여 6년간 개척 교회를 하는 동안 거의 매주마다 이런 일들을 경험하게 되었다. 하나님 나라의 새 질서가 임하면 어둠의 나라의 옛 질서는 물러간다.

---

[300] 교회 개척 중 있었던 중요한 일들을 『영적 싸움의 현장』(베다니출판사)에 기록했다.

하나님 나라와 이혼한 복음

2. 예배를 통하여 나눔을 경험하게 된다

하워드 요더(Howard Yoder)는 예수께서 무리에게 하신 말씀을 인용하여 예수 공동체를 설명한다. "수많은 무리가 함께 갈새 예수께서 돌이키사 이르시되 무릇 내게 오는 자가 자기 부모와 처자와 형제와 자매와 더욱이 자기 목숨까지 미워하지 아니하면 능히 내 제자가 되지 못하고 누구든지 자기 십자가를 지고 나를 따르지 않는 자도 능히 내 제자가 되지 못하리라"(눅 14:25–27). "종교의 토대 위에 세워진 견고하나 가족적 유대를 특징으로 하는 사회의 미움까지도 감내할 준비가 되어 있는 그런 공동체다." 예수 공동체는 자발적이지만 철저히 헌신된 공동체였다.[301]

"너희 소유를 팔아 구제하여 낡아지지 아니하는 배낭을 만들라 곧 하늘에 둔 바 다함이 없는 보물이니 거기는 도둑도 가까이 하는 일이 없고 좀도 먹는 일이 없느니라 너희 보물 있는 곳에는 너희 마음도 있으리라"(눅 12:34). 요더는 "너희 소유를 팔아 구제하여"라는 말씀을 '만물의 회복'을 미리 보여 주는 '유쾌하게 하는 날'로서 실천되어야 할 희년의 규정인 것이라고 한다. 누가복음 12장에 의하면 "그의 나라와 그의 의를 구하라"는 말씀은 "소유를 팔아 구제"하는 자발적 희년 실천을 통하여 실현된다.

---

301 John Yoder, 「예수의 정치학」, 신원하, 권연경 역 (서울: 한국기독학생회출판부, 2014), 78.

자신이 하나님 나라의 백성이기에 통치자이신 하나님이 '일용할 양식'을 주시는 분이라고 믿는 자만 재산을 팔아 가난한 자들에게 나누어 주는 희년을 실천할 수 있다.

아미쉬 사회학자 도널드 크레이빌(Donald Kraybill)은 이렇게 말한다. "예수가 선포한 하나님 나라는 1세기의 팔레스타인 문화 한가운데서, 모든 것을 거꾸로 뒤집어 놓은 듯한 새로운 질서였으며, 나아가 오늘날 이 세상의 다양한 문화 속으로 뚫고 들어올 때도 그러한 전복적 특성을 그대로 드러낸다는 점이다."[302] 예루살렘 교회의 부자들은 재산을 팔아 가난한 자들에게 나누어 주었다. 그러므로 그들 중에는 가난한 자가 하나도 없었다고 성경은 말한다(행 4:34-35). 매일 함께 저녁 식사를 하였으므로 아무도 배고픈 상태로 잠들지 않았다.

"발이 없는 복음은 복음이 아니다. 세상을 향한 하나님의 사랑은 사회적 행동을 낳는다."[303] 복음의 발은 세상으로 향하는 발이다. 하나님 나라는 사회적 행동을 촉구한다. "성육신의 진수는 예수 그리스도 안에서 영적 세계와 사회적 세계가 하나가 되었다는 사실이다. 이 둘을 갈라놓는 것은 성육신을 부정하는 일이다.

---

302 Donald Kraybill, 「예수가 바라본 하나님 나라」, 16.
303 Ibid., 45.

하나님 나라와 이혼한 복음

예수 이야기 속에서 사회적인 것과 영적인 것은 뗄 수 없을 정도로 하나로 얽혀 있다."[304] 하나님을 사랑하고 이웃을 사랑하는 일은 둘이 하나이다.

예수께서 갈릴리 회당에서 희년을 선포하셨다. 희년은 사회적 피라미드를 평평하게 하는 것이다. "희년 비전이 요구하는 것이 사회의 변혁, 곧 사회 질서를 뒤집어엎는 일이라는 데는 의문의 여지가 없다."[305] 그런데 크레이빌은 이 희년을 '거꾸로 이루어지는 혁명'이라고 한다. 그 이유는 일반적으로 혁명은 밑바닥에 일어나나, 하나님 나라의 희년 혁명은 위에서부터 일어나기 때문이다.

밑바닥에서 일어나는 혁명은 절대로 대안이 될 수 없다. 왜냐하면 현 위계질서를 뒤집으면 또 새로운 위계질서가 생기기 때문이다. 과거보다 더 심한 특권층이 생겨난다. 나는 사회주의 국가가 많은 남미에 살면서 이런 현상을 내 눈으로 똑똑히 보았다. 하지만 하나님 나라의 희년 혁명은 위에서부터 일어난다. "희년 혁명은 거꾸로 이루어지는 혁명이다. 여기서는 꼭대기로부터 혁명의 불꽃이 타오른다. 하나님의 은혜가 권좌에 앉아 있는 사람과 부

---

304 Ibid.
305 Ibid., 135.

자와 세력가들의 마음을 움직인다."[306]

희년은 하나님 나라의 얼굴이다. 하나님 나라를 선포하는 예배를 드리는 자들은 사회 경제적 피라미드를 평평하게 하는 일에 자원하여 앞장선다. 내일의 염려 때문에 물질을 쌓아 놓고 사는 이방인들의 생활 방식을 버리고 희년의 원리에 따라 재산을 가난한 자들에게 나누어 준다. 하나님의 다스림, 하나님의 공급하심을 믿고 하나님 나라의 백성으로 살아가는 자들은 가난한 자들을 도울 수 있다. '일용할 양식'을 주시는 하나님을 정말 믿는 자들은 재산을 쌓고 살지 않는다. 적어도 죽기 전에 재산을 정리하여 사회에 환원해야 한다.

3. 예배를 통하여 신앙의 사사화를 넘어
신앙의 공공성에 관심을 갖게 된다

초대 교회의 예배는 식사와 분리되지 않았다. 식탁 교제는 예배의 가장 중심에 있었다. 초기 기독교인들의 공동 식사인 주의 만찬은 유대 문화의 공동 식사와 그레코로만 문화의 공동 식사와도 달랐다. 그 시대의 문화와 의식을 완전히 뒤집는 사건이었다. "팔레스타인 문화에서 식사에 초대한다는 것은 존경의 표시였다. 식

---

306 Ibid., 141.

사를 함께한다는 일은 곧 집단의 경계를 정하여, 그 친구 모임에 포함된 사람과 배제된 사람이 누구인지를 가르는 일이었다."[307] 당시 식탁 교제는 일종의 편가르기였다고 볼 수 있다. 함께 식탁에 앉는 일은 삶을 함께 나눈다는 의미였다.

"히브리 문화에서 식탁 교제는 또 하나님 앞에서 나누는 교제를 상징했다. 한 식탁에 둘러 앉아 빵을 떼는 일은, 그 식사에 참석한 모든 사람이 함께 공동의 축복에 참여하는 일이었다."[308] 식탁 교제의 클라이맥스는 성찬이다. 초대 교회는 한 상에 둘러앉아 한 떡을 떼고 한 잔을 나누었다. 우리는 한 몸에 속했고, 한 피를 나누었다. 그러므로 하나님 나라를 선포하는 예배를 드리는 자들은 우리가 그리스도 몸 안에 있는 한 공동체임을 경험하게 된다. 모든 인간은 다른 사람과 관계를 맺고 살아감으로 삶 자체가 '공적(public)'이다.

서구 교회가 신앙을 사사화했다. 유럽에서 기독교는 대체로 국가 교회 형태로 존재했다. 그 후 청교도 운동이 일어나면서 종교의 사사화가 시작되었다. 미국으로 기독교가 건너오면서 공공 신학(public theology)이 사라지고 점점 신앙이 개인주의화되었다. 그

---

307 Ibid., 234.
308 Ibid.

러나 사적 신학(private theology)은 존재할 수 없다.[309] 오늘 개신
교회는 끼리끼리 모이는 '동류 집단화' 되었고 '게토화' 되었다. 하
지만 구약의 이사야서, 아모스서, 시편 등에서 의로운 삶이 배제
된 제사는 하나님이 거부하신다.

> 내가 너희 절기들을 미워하여 멸시하며 너희 성회들을 기뻐
> 하지 아니하나니 너희가 내게 번제나 소제를 드릴지라도 내
> 가 받지 아니할 것이요 너희의 살진 희생의 화목제도 내가
> 돌아보지 아니하리라 네 노랫소리를 내 앞에서 그칠지어다
> 네 비파 소리도 내가 듣지 아니하리라 오직 정의를 물같이,
> 공의를 마르지 않는 강같이 흐르게 할지어다(암5:21-24)
> 나의 기뻐하는 금식은 흉악의 결박을 풀어 주며 멍에의 줄
> 을 끌러 주며 압제당하는 자를 자유케 하며 모든 멍에를 꺾
> 는 것이 아니겠느냐 또 주린 자에게 네 식물을 나눠 주며
> 유리하는 빈민을 네 집에 들이며 벗은 자를 보면 입히며 또
> 네 골육을 피하여 스스로 숨지 아니하는 것이 아니겠느냐
> (사 58:6-7)

---

309 정재영, "사적 신앙에서 공적 신앙으로," 「한국교회, 개혁의 길을 묻다」, 강영안 외 20인 (서
울: 새물결플러스, 2013), 346.

하나님 나라와 이혼한 복음

하나님은 삶에 의가 없는 예배를 거부하실 뿐 아니라 그런 자들을 불로 심판하신다고 한다. 사적 신앙은 존재할 수 없다. 우리는 우리가 속한 사회 속에서 '산제사'를 하나님께 드려야 한다. 우리가 이스라엘과 유다의 멸망의 원인을 말할 때 주로 '우상 숭배'를 말한다. 그러나 우상 숭배뿐만 아니라 '정의와 공의의 부재'도 중요한 원인이다. 우리의 이원론적 신앙이 '정의와 공의의 부재'를 문제로 보지 못하게 만들어 버렸다.

초기 교회는 중생을 경험한 자들의 공동체였다. "중생을 개인의 인격적 변화의 차원에서만 바라볼 때, 중생의 영성 공동체적 하나님 나라의 차원을 잃을 수 있다. 중생은 교회 공동체가 재림의 종말론적 소망하에서 성결과 신유의 삶을 살기 위해 통과해야 할 하나님 나라의 출입문이다."[310] 교회는 중생한 자들이 모인 신앙 공동체로서 하나님 나라를 바라보며 그 나라를 나타내 보여 주는 공동체였다. "슐라이에르마허에 의하면, 종교적 공동체를 간과한 채 우리는 무한자에 대한 개인의 종교적 경험의 실재를 생각할 수 없다."[311] 개인의 종교적 체험이 공동체를 떠나서 의미를 찾을 수 없다. 초기 기독교는 공동체로 존재했을 뿐 아니라 자신

---

310 최인식, "사중복음 교회론−하나님 나라 공동체 신학," 「신학과 선교」, 48권 (1916), 166.

311 김영복, "슐라이어마허와 현대신학: 슐라이어마허 안에서 그리스도와 기독교 교회 공동체의 신학적 관계성," 「한국조직신학논총」, 10권 (2004): 16.

들의 공동체를 뛰어넘어 세상을 변화시키는 변혁적 집단이었다.

초기 그리스도인들의 구원 이해는 오늘의 그리스도인들의 구원 이해와 상당히 거리가 있다. 그들에게 있어 구원은 영혼 구원이 아니라 하나님의 새로운 세상에 들어가는 것이었다. 우리가 받는 구원이 우리의 영혼만이 아니라 우리의 전 존재가 구원받는 것이고 이 세상에 새 세상이 임하는 것이다. 우리는 매우 헬라화된 복음 이해를 가지고 있다. 그러므로 영혼 구원만 말할 뿐, 육체의 구원과 하나님의 피조물의 회복에 대해서는 거의 언급하지 않는다.

사도 요한은 요한복음에서 헬라적 용어와 헬라적 표현들을 많이 사용하고 있지만 내용을 자세히 보면 이원론 구원을 배제한다. "요한복음은 헬라 세계의 철학과 종교에 대한 강력한 반명제(antithesis)를 형성한다."[312] "요한복음은 헬라 세계의 철학과 종교 사상에 대항하여 기독교 신앙의 신비를 옹호하고 해설하는 변증적인 복음서였다."[313] 요한은 구약의 하나님 나라 사상을 헬라적 표현으로 설명하고 있다. "요한복음의 영생의 핵심은 영원이라는 시간이 아니라, 누구와의 언약 속에 매여 사느냐의 문제다. 헬레니즘 세계에 퍼진 영생과 비교해 요한복음의 영생 특징은 영생의

---

312 김회권, 「하나님 나라 신학으로 읽는 요한복음」, 15.
313 Ibid.

하나님 나라와 이혼한 복음

사회적 차원과 현재적 차원을 강조하는 데 있다."[314]

시편 133편은 '영생'을 이렇게 표현한다.

보라 형제가 연합하여 동거함이 어찌 그리 선하고 아름다운
고 머리에 있는 보배로운 기름이 수염 곧 아론의 수염에 흘
러서 그의 옷깃까지 내림 같고 헐몬의 이슬이 시온의 산들
에 내림 같도다 거기서 여호와께서 복을 명령하셨나니 곧
영생이로다.

시편 기자가 말하는 영생은 공동체가 하나님의 언약 관계 속에
서 연합하여 하나님의 복을 누리며 사는 것이다. "이처럼 영생 공
동체는 세상 변혁적 에너지를 뿜어내는 강력한 사랑 실천 공동체
이기 때문에 반드시 사회적 연대를 창조한다."[315] 요한1서와 요한
계시록에서 영생의 공동체성을 볼 수 있다. 요한1서는 당시 널리
퍼져 있는 헬라 철학의 영지주의를 받아들인 신앙을 배격하기 위
해 쓰여졌다. 그러므로 요한은 관계를 강조한다.

---

314 Ibid., 132.
315 Ibid., 137.

태초부터 있는 생명의 말씀에 관하여는 우리가 들은 바요 눈으로 본 바요 자세히 보고 우리의 손으로 만진 바라 이 생명이 나타내신 바 된지라 이 영원한 생명을 우리가 보았고 증언하여 너희에게 전하노니 이는 아버지와 함께 계시다가 우리에게 나타내신 바 된 이시니라 우리가 보고 들은 바를 너희에게도 전함은 너희로 우리와 사귐이 있게 하려 함이니 우리의 사귐은 아버지와 그의 아들 예수 그리스도와 더불어 누림이라(요일 1:1-3)

누구든지 하나님을 사랑하노라 하고 그 형제를 미워하면 이는 거짓말하는 자니 보는 바 그 형제를 사랑하지 아니하는 자는 보지 못하는 바 하나님을 사랑할 수 없느니라 우리가 이 계명을 주께 받았나니 하나님을 사랑하는 자는 또한 그 형제를 사랑할지니라(요일4:20-21)

사도 요한이 말하는 영생은 '사랑 공동체'이다. 그런데 우리는 요한복음과 요한서신을 읽으며 이원론적 구원과 죽음 이후의 천국 소망만을 말하고 있다. 요한계시록의 천년왕국은 이스라엘의 회복으로 묘사되고, 새 예루살렘은 에덴의 회복으로 표현되며, 새 하늘과 새 땅은 모든 피조물과 우주의 회복을 그리고 있다. 물론 구약의 개념이 신약에 그대로 유지되는 것도 있고, 발전하는 것도 있고, 완전히 새로운 개념으로 변화되는 것도 있다.

신약에 구원의 개인성과 내세성이 존재한다는 사실을 부인하지 않는다. 그렇다고 구약의 공동체성이 사라진 것이 아니다. 공관복음서는 신앙공동체를 '하나님 나라 백성'으로 표현하고, 요한복음은 '영생 공동체'로 표현하고 있다. 그리스도인들의 식탁 공동체는 바리새인들의 식탁 공동체와는 달리 사회에 관심을 가진다. 가난한 자를 구제하는 일이나 사회의 악을 바로잡는 일에 관심을 갖게 되는 것이다.

구약은 옛 창조의 이야기이고 신약은 새 창조의 이야기이다. 성경의 네러티브는 창조로 시작하여 새 창조로 끝난다. 하나님 나라를 바라보는 예배를 드리게 되면 새 창조를 열망하게 되고, 그 열망은 이 세상 속에서 하나님 나라의 가치인 의와 사랑과 희락을 실현하게 한다.

구약의 율법의 핵심은 '하나님 사랑과 이웃 사랑'이다. 우리는 여기서 공적 신앙의 기초를 찾을 수 있다. 우리의 신앙은 하나님과 이웃과 연결되어 있다. 하나님 사랑과 이웃 사랑은 분리되지 않는다. 이 이웃은 모든 인류를 의미하고 나아가 지구상에서 우리와 공존하는 모든 생명체까지 포함한다. 바울의 신학도 신앙의 개인성과 공공성을 균형 있게 강조한다.

우리가 이 보배를 질그릇에 가졌으니 이는 심히 큰 능력은 하나님께 있고 우리에게 있지 아니함을 알게 하려 함이라 우리가 사방으로 우겨쌈을 당하여도 싸이지 아니하며 답답한 일을 당하여도 낙심하지 아니하며 박해를 받아도 버린 바 되지 아니하며 거꾸러뜨림을 당하여도 망하지 아니하고 우리가 항상 예수의 죽음을 몸에 짊어짐은 예수의 생명이 또한 우리 몸에 나타나게 하려 함이라(고후 4:7-10)

이 세상에서 우리는 "살아 있는 성찬"이다. 다른 사람들을 위해 깨지고 쏟아지기 위해 여기에 있다. 그리고 이것은 희생이 있다는 것을 의미한다.[316] 우리 그리스도인은 "예수의 죽음을 몸에 짊어지는 자들"이다. 이웃과 사회를 위해 성육신적 삶을 살아야 한다. 바울은 로마서 1-8장까지 개인의 구원 여정을, 9-11장까지 온 인류의 구원 여정을 설명한다. 그리고 교리편에서 생활편으로 넘어가면서 12장 서두에 이렇게 말한다.

그러므로 형제들아 내가 하나님의 모든 자비하심으로 너희를 권하노니 너희 몸을 하나님이 기뻐하시는 거룩한 산 제

---

[316] Mike Erre, 「교회, 하늘을 땅으로 가져오다」, 258.

물로 드리라 이는 너희가 드릴 영적 예배니라 너희는 이 세대를 본받지 말고 오직 마음을 새롭게 함으로 변화를 받아 하나님의 선하시고 기뻐하시고 온전하신 뜻이 무엇인지 분별하도록 하라 내게 주신 은혜로 말미암아 너희 각 사람에게 말하노니 마땅히 생각할 그 이상의 생각을 품지 말고 오직 하나님께서 각 사람에게 나누어 주신 믿음의 분량대로 지혜롭게 생각하라 우리가 한 몸에 많은 지체를 가졌으나 모든 지체가 같은 기능을 가진 것이 아니니 이와 같이 우리 많은 사람이 그리스도 안에서 한 몸이 되어 서로 지체가 되었느니라(로마서 12:1–5)

바울은 우리의 몸을 하나님이 기뻐하시는 '거룩한 산 제물'로 드리라고 한다. 이 세상 속에 살지만 이 세상에 속하지 말고 하나님의 뜻을 따라 살라고 한다. 그러면서 우리가 한 몸의 지체임을 강조한다. 우리는 한 몸의 지체로 각자 자기의 본문을 다하여 다른 지체를 섬기며 몸을 세워 가라고 한다. 바울은 로마서에서 개인의 구원과 인류의 구원을 동시에 다룬다. 바울은 분명히 신앙의 개인성과 영적인 면을 말한다. 그러나 그는 신앙의 공공성도 강조하며 교회에서 사회에서 국가에서 어떻게 살아야 할지를 자세히 설명하고 있다. 예수님이 가르쳐 주신 주기도문도 신앙의 공공성을 잘 다루고 있다.

> 하늘에 계신 우리 아버지여 이름이 거룩히 여김을 받으시오
> 며 나라가 임하시오며 뜻이 하늘에서 이루어진 것같이 땅
> 에서도 이루어지이다 오늘 우리에게 일용할 양식을 주시옵
> 고 우리가 우리에게 죄 지은 자를 사하여 준 것같이 우리
> 죄를 사하여 주시옵고 우리를 시험에 들게 하지 마시옵고
> 다만 악에서 구하시옵소서 나라와 권세와 영광이 아버지께
> 영원히 있사옵나이다 아멘(마6:9–13)

　주기도문 속에 여러 번 "우리"가 반복된다. 하나님 나라를 구
하는 것, 일용할 양식을 구하는 것, 죄사함과 악에서 구하는 것
모두 공동체를 위한 기도이다. 그리고 이 세 가지는 하나이다. 하
나님 나라를 구하는 것이다. 우리가 사는 이 세상에 하나님의 뜻
과 하나님 나라의 가치가 실현되게 해 달라는 기도이다. 어(Erre)
는 많은 교회들이 문화 갱신에 주력하는 사회 복음 운동에 대한
반동으로 복음을 우리 죄를 위한 그분의 속죄로만 좁혀 버렸다고
한다.[317]

---

317 Ibid., 280.

예수님의 메시지는 개인적인 면이 있기도 하지만 또한 사회적이고 정치적인 면도 함께 있다. 구속의 복음과 사회 복음을 구분할 수 없다. "신약성경은 나사렛 예수가 십자가에서 죽으실 때 중요한 일이 벌어졌고 그 결과 세상이 달라졌다고 책마다 주장한다."[318] 거듭난 그리스도인 개인의 변화는 세상의 변화, 공동체의 변화를 이끌어 냈다. 우리는 하나님 나라를 선포하고 드러내는 예배를 통하여 우리가 공동체로 부름받았다는 사실과 세상 속에서 세상을 위하여 부름받았다는 사실을 확인한다.

마이클 프로스트(Micheal Frost)는 그가 목회하는 작은 보트, 큰 바다(Small Boat, Big Sea)교회의 공동생활을 위한 규칙을 다음과 같이 만들었다.

축복하기(Bless). 우리는 매주 최소한 신자 한 명과 이웃 주민 한 사람을 축복하려 한다. 이것은 다양한 형태로 이루어질 수 있다. 편지를 쓸 수도 있고, 선물을 전달할 수도 있으며, 격려의 말을 할 수도 있고, 섬김의 행동을 할 수도 있다. 그러나 본질은 우리가 친절과 관용을 베푸는 행동의 리듬을 매주 사는 것이다.

---

318 Tom Wright, 「혁명이 시작된 날」, 62.

먹기(Eat). 적어도 우리는 매주 신자와 이웃 주민과 함께 식탁 교제를 나누려고 한다. 식탁 교제를 함께 나누는 것은 인간관계를 유지하는 훌륭한 평형 장치다. 함께 먹는 것은 장벽을 무너뜨리고 건전한 연대감을 촉진한다. … 더 나아가 우리 교회 신자들은 각자 다른 사람들과 함께 나눌 음식을 가져와서 매 주일 저녁을 함께 보낸다. … 소그룹은 대개 음식과 커피를 마시며 의미를 갖는다.

경청하기(Listen). 우리는 매주 간의 삶에서 하나님이 우리를 격려하시는 음성을 경청하기 위해 헌신한다. 이것 역시 각기 사람마다 다양한 형태를 띠게 될 것이다. 우리들 중 어떤 이들은 영적으로 직관적이고 비전과 영상과 여러 황홀한 경험을 통해 하나님의 음성을 듣는다. 어떤 신자들은 매주 덜 경이로운 방법들을 통해 하나님의 음성을 들으려고 노력한다. 우리는 매주 하나님의 음성을 듣기 위해 홀로 있는 시간을 확보하려고 한다.

배우기(Learn). 우리는 매주 복음서를 읽고 예수에 관해 더 많이 배우는 데 열심을 내고자 한다. 물론 우리는 성경 전체를 읽고 성경 공부의 규칙적인 리듬을 타도록 격려한다. 그러나 예수 중심의 공동체가 되기 위해 예수님에 관한 복음서 이야기의 탐구를 매우 강조한다.

보내기(Send). 우리는 하나님이 이 세상에 우리를 보내셨다는 것에 대한 표현으로 우리의 일상을 이해하려고 한다. … 교회에서 우리는 우리의 "보냄받음(sent-ness)", 즉 세상에서 하나님의 은혜의 대리인으로서 일상생활에서 활용할 수 있는 선교적 표현 방식을 찾는 데 헌신한다. 이것은 정의를 위한 활동과 세계 평화를 위한 노력뿐 아니라 환대의 행위와 지구 자원에 대한 공정한 청지기 직을 포함할 것이다.[319]

각자 교회는 이 교회와 같이 교회에서 사회에서 공동체적 삶을 살아갈 수 있도록 어떤 장치를 마련하는 것이 필요할 것이다. "이는 성도를 온전하게 하여 봉사의 일을 하게 하며 그리스도의 몸을 세우려 하심이라 우리가 다 하나님의 아들을 믿는 것과 아는 일에 하나가 되어 온전한 사람을 이루어 그리스도의 장성한 분량이 충만한 데까지 이르리니"(엡 4:12-13). 하나님 나라를 갈망하는 교회는 "다양한 지역사회를 위한 단체 육성, 보다 급진적인 환대하기, 최소한의 정의 추구, 자백하기"를 한다고 한다."[320]

하나님 나라를 추구하는 교회는 지역사회와 함께하고 사회 정

---

319 Mike Erre, 「교회, 하늘을 땅으로 가져오다」, 259.

320 Tim Dickau, "Seeking the Kingdom of God as a Church in a Postmodern Age," Direction, 48 no 1 (Spr 2019): 50.

의를 주장하며, 사회의 문제를 끌어안고 함께 아파하는 고백적 행위가 필요하다. 하나님은 신자들이 교회 공동체 안에서 서로 교제하면서 계속 자라기를 원하신다. "역동적인 공동체 생활이 없는 교회는 증거도 거의 하지 않게 된다. 신자들은 성숙을 향해 나아가지 않으며, 건강한 제자의 임무를 감당할 방법도 배우지 않게 되기 때문이다."[321] 우리의 신앙은 하나님 나라가 실현되는 교회 공동체 안에서 형성되고 자라 간다.

4. 주일 신학을 이해하고 주일 예배를 통하여 구원의 완성과 모든 피조물의 회복을 바라보게 된다

세계의 달력을 역사 속에서 보면 매우 흥미롭다. 바스크인은 3요일 일주일, 고대 중국인과 이집트인의 10일 일주일, 아즈텍인의 13일 일주일 등 세계 문명 속에서 일주일의 날들은 다양하다. 고대 로마에서는 일주일이 8일이었다가 아우구스투스 시대에 7요일 일주일이 도입되기 시작했으며 콘스탄티누스가 321년 공식적으로 8요일 일주일을 폐기하고 7일 일주일을 공식화한다. 유대인 달력은 셈족과 메소포타미아 민족에서 유래한 7요일로 구성된다.

"히브리력이 중동 지역 대부분의 다른 역법처럼 숫자 7과 7의

---

321 Howard Snyder, 「참으로 해방된 교회」, 113.

배수를 바탕으로 한다는 것이다."[322] "기본 단위는 일주일이며, 일주일은 일곱째 날인 안식일에 끝난다. 일곱 번의 일주일, 즉 일주일들의 한 주간이 지난 후에는 50번째 날은 특별히 기념했다. 이 때문에 역사학자들은 이러한 종류의 역법을 그리스어 '50'에서 유래한 '펜타콘타드력(penteccontad calendar)'이라고 일컬었다."[323] 바로 여기서 '희년'이 등장한다.

유대인들에게 숫자 8은 완전을 의미하는 7 다음으로 새로운 시작과 부활의 숫자이다. 그러나 메소포타미아에서는 7일은 '불길한 수'였다. 그래서 7일에는 아무것도 안 하고 쉬었다. 유대인들은 이날을 거룩한 안식일로 변화시켰다.[324] 주일은 한 주의 '여덟째 날'로서 '만물의 완성을 가리키는 종말론적 소망의 날'이라는 의미를 지녔다. 예수의 부활은 새 창조의 시작이다.

베드로후서 2장 5절에 보면 노아를 '여덟 번째 사람(the eighth of the nefashot OJV, saved Noah the eighth person KJV)'으로 표현한다. 노아는 홍수 심판 후 새 창조의 역사를 시작한 사람이다. 예수의 부활 속에는 모든 그리스도인들의 부활과 우주 만물의 회복이 숨겨져 있다. 초대 교회는 안식일인 일곱째 날이 아닌 여덟

---

322 Justo Gonzalez, 「일요일의 역사」, 이여진 역 (파주: 비아토르, 2019), 18.
323 Ibid., 19.
324 Ibid.

번째 날에 모여 예배를 드렸다. '여덟 번째 날'은 유대인들에게
새로운 시작을 의미하는 익숙한 표현이었다. 그날은 예수님의 부
활을 기뻐하는 날이기에 금식과 무릎 꿇기를 삼갔다.

테르툴리아누스는 주의 날은 예수의 부활을 통해 신자가 하나
님의 양자가 된 날이며, 그러하기에 다른 날에는 신자가 매일 하
나님 앞에서 자신을 낮추어야 하지만 주의 날에는 그렇게 하면
안 된다고 했다.[325] 그들은 유대인들의 시간으로 안식일이 끝나고
주간의 첫날이 시작되는 토요일 저녁에 모여 만찬의 시간을 가지
며 성찬을 떼었다. 아니면 노예들과 일과에 바쁜 사람들을 위해
일요일 새벽, 하루의 일과를 시작하기 전에 모였다.

초막절 8일은 '쉬미니 아쩨레트(שמיני עצרת)'라고 불렸으며, 여인
의 뜰에서 '관제의 축제'가 열린다. 여인들이 보는 앞에서 유명
랍비들과 현인들이 밤새 춤추며 노래하며 즐겼다. 그날은 축제와
죄 씻음의 날이다. '호산나 라바(큰 구원의 날, 초막절 마지막 날, 명절
끝날 곧 큰 날)'의 결정판이다. 비를 내려 풍년이 될 줄로 믿고 추수
의 기쁨을 앞당겨 누리는 축제라 할 수 있다. 밤새 축제를 하고 아
침이 되면 '죄를 사해 주시는 하나님'께 대한 찬양이 이어진다.[326]

---

325 Ibid., 76
326 류모세, 「열린다 성경—절기 이야기」 (서울: 두란노서원, 2010), 234–237.

하나님 나라와 이혼한 복음

또한 이날은 토라 읽기가 끝나고 새롭게 시작하는 날이다. "유대인 회당에서 안식일마다 토라를 읽는 분량을 정해 주는데, 초막절 8일째 날은 토라를 완독하는 날로서, 이날 토라의 완독을 축하하는 의미에서 토라궤에서 두루마리 성경을 꺼내 원을 그리고 일곱 바퀴 돌면서 즐거워한다."[327] '여덟 번째 날'은 끝과 시작이 교차하는 날이다. 교회역사학자 후스또 곤잘레스(Justo González)는 고대 문서들, 바나바서, 순교자 유스티누스의 "트리포와의 대화", 클레멘트, 테드툴리아누스, 키프리아누스의 글에 '여덟째 날'에 대한 기록들이 있다고 한다.

주일이라고 부르는 일주일의 첫째 날은 구속 역사상 중요한 세 가지 사건을 기념하는 것으로 이해되었다. 그날은 무엇보다도 주께서 부활하신 날이었으며, 그렇기에 새 창조가 시작된 날이다. 그날은 바로 첫 창조의 첫째 날이기도 하며, 그렇기에 하나님의 은택이 선하심에 크게 기뻐하는 때다. 그리고 그날은 한 주의 여덟째 날이었으며, 그러므로 만물의 완성을 가리키는 소망의 날이다.[328]

---

327 Ibid., 247.
328 Justo Gonzalez, 「일요일의 역사」, 69.

라이트(Tom Wright)는 '여덟째 날에 대해 이렇게 말한다. "특히 복음서(특히 요한복음) 그리고 바울 서신에서 나타나는 초대 교회 관습을 보면, 아주 초기부터 교회는 한 주간의 첫째 날, 즉 부활절 날이 현재 세계에서 하나의 징표가 되었고, 오는 세대의 삶이 이미 침입한 현재의 시간적 질서가 되었음을 알고 있었다."[329] 초기 기독교가 예수의 부활을 새 창조의 시작으로 보았고 여덟 번째 날인 주일을 지키는 것은 오는 세대, 즉 오고 있는 하나님 나라의 징표로 보았다.

"그것은 새로운 세상의 시작이자 새로운 주간의 첫째 날로, 하나님이 이제 온 세상에서 성취하실 일의 원형이 드러난 사건으로 보아야 한다."[330] 초대 교회는 새 창조의 시작의 날인 '여덟째 날', 그리스도께서 부활하신 날 모여 하나님을 예배했다. 부활은 새 창조의 시작이며 모든 피조물의 회복이 숨겨져 있는 비밀이다. "여덟째 날" 모이는 것 자체가 하나의 메시지였다. 그 특별한 날 그들은 하나님을 예배하며, 그 예배의 창을 통하여 오고 있는 하나님 나라를 바라보았다.

"그들은 하나님의 옛 창조의 마지막 날인 안식일을 경축하는

---

329 Tom Wright, 「마침내 드러난 하나님 나라」, 392.

330 Ibid., 361.

하나님 나라와 이혼한 복음

대신에 새 창조의 첫 날인 주일을 경축한다. 이를 통하여 그들은 자기 인생이 우주의 생명의 일부요 보편적 이야기의 일부로서 그 의미와 목표를 갖게 된다는 점을 표현하고 고백했다."[331] 초대 교회 성도들이 주일에 함께 모여 십자가의 고난을 기념하며 부활의 승리를 선포하고 성찬을 행하며 하나님을 예배했다. 초대 교회는 창조의 첫날인 일요일을 '주의 날'로, 새 창조의 시작인 '여덟째 날'로 명하고 예수님의 부활을 기념하면서 이미 이 땅에 시작된 하나님 나라를 선포하며 하나님께 예배했다.

곤잘레스는 콘스탄티누스 시대 이후에 침례탕이 팔각형으로 표현되었다고 하며 침례가 영원한 기쁨이 있는 여덟째 날에 입문하는 일임을 암시한다고 한다.[332] 세례는 어둠의 나라에서 하나님 나라로 옮겨지는 공식 절차이다. "우리는 최소한 일주일의 첫째 날 예배가 장례식 같거나 침울하지 않았으며 오히려 기쁨이 넘치는 예식이었다는 사실을 확신할 수 있다."[333] 한국 교회의 장례식 같은 예배, 유교의 제사 같은 예배에 변화가 필요하다. 주일은 예수님의 부활을 선포하며 새 시대의 도래를 기뻐하는 날이다.

일요일을 '주의 날'이라고 부른 초기 그리스도인들의 용기

---

331 Leslie Newbigin, 「다원주의 사회에서의 복음」, 230.

332 Justo Gonzalez, 「일요일의 역사」, 68.

333 Ibid. 78.

를 높이 사야 할 것이다. "그 당시 '주의(of the Lord, 카리아코스 Kyriakos)'라는 형용사의 의미는 일반적으로 로마 제국 그리스어권 지역에서 황제의 소유를 언급할 때 사용했다."[334] 그 당시가 황제 도미티아누스가 전례 없는 권력을 발휘하여 자신에게 '주', 카리오스라는 경칭을 요구했을 때이다.

그럼에도 불구하고 초기 그리스도인들이 이 용어를 예수님에게 사용했을 때, 그 의미는 무엇이었을까? 첫째, 그날의 소유주이신 예수님이 참으로 주시라는 의미다. 둘째, '주의 날'에는 종말론적 의미가 담겨 있다.[335] 그런데 이런 주일이 중세 시대에 어떻게 변질되었는지 곤잘레스는 말한다.

일요일은 초대 교회에서 그러했듯이 여전히 기념의 날이었다. 그러나 이제는 예수의 부활을 기념하기보다는 여가를 즐기는 날이었다. 미사 참석이라는 의무만 다하면, 남은 하루는 곡예사와 어릿광대를 구경하고, 노래하고 춤추고 심지어 음탕한 일까지 하는 시간이었다. 그래서 일요일은 그리스도의 희생 제사를 반복하는 가슴 벅차고 굉장한 행사의

---

334 Ibid., 31.
335 Ibid.

하나님 나라와 이혼한 복음

날인 동시에, 종종 그러한 희생이 필요한 이유를 정확하게
보여 주는 다른 수많은 행사의 날이기도 하다.[336]

지금까지 한국 교회는 '주일 성수'를 매우 중요하게 생각해 왔
다. 믿음의 선배들이 물려준 좋은 관습이다. 그러나 그것이 주일
신학에 따른 것이었다기보다는 관습적이었다고 볼 수 있다. 이제
주일 신학을 잘 이해하고 주일에 모여 예배드릴 수 있다면 더 큰
은혜가 있을 것이다. 주일날 모여 예배하는 것 자체가 세상에 주
는 중요한 메시지를 담고 있다. 정리하면 초기 그리스도인들은 황
제 숭배에 사용되던 용어인 '주(Kyriakos)'라는 용어를 '주의 날'
에 사용했다. 그들은 주일에 모여 하나님을 예배하며 예수 그리
스도가 만민의 주 되심을 선포한 것이다.

주일을 '여덟째 날'로 부르며 주일에 예수님의 부활하심을 선
포하며 종말론적 새 시대가 열렸고 하나님 나라가 이 땅에 이미
시작되었고 그 나라의 완성을 기다리고 있음을 선포했다. 주일은
예수님의 부활하신 날이며, 새 창조가 시작된 날이며 마지막 완
성의 전조이다. 주일 예배가 중세적이고 유교적인 장례식이 아닌
초대 교회의 예배인 축제의 장이 되어야 할 것이다.

---

336 Ibid., 188.

3장

성장 후 시대를 위한 목회 전략과 대안교회 운동

●
●
●

"목사님! 제발 성장시대의 생각과 목회 전략을 버리고 하나님 나라를 위한 목회를 준비하세요." 성장시대의 전략이 침체기에는 잘 통하지 않는다. 그런데 한국 교회의 많은 목사들은 여전히 성장시대의 마인드로 쇠퇴기에 목회를 하고 있다. '선교적 교회'란 목회학과 선교학을 접목한 것이다. 선교사가 복음이 전해지지 않는 땅에 들어가 복음을 전하고 교회를 세우는 전략으로 이제 목회를 해야 한다.

한국 교회는 성장기와 정체기를 지나 이미 쇠퇴기에 접어들었다. 성장시대의 전략이 쇠퇴기에는 잘 통하지 않는다. 그런데 한국 교회의 목사들은 여전히 성장시대의 마인드로 쇠퇴기에 목회를 하고 있다. 목회 방식은 좀 바뀌었는지는 몰라도 생각은 여전히 성장시대에 머물러 있다.

나는 2014-15년 2년간의 안식년을 얻어 경기도 이천에 있는 실천신학대학원대학교에서 신학석사(Th. M.) 과정을 공부했다. 실천신학대학원대학교는 2005년 3월 3일 개원하였다. 한 일간지는 이 학교를 "교회 바꾸는 실험 신학교"라고 했다. 학생 22명, 교수 28

명으로 시작했으며 목회 현장 경험 3년 이상, M. div. 학위 소지자만 학생으로 받았다. 이 학교는 은준관 박사가 연세대학교 신학부 교수 은퇴 후 한국 교회의 미래를 설계하며 세운 학교이다. 초대 총장이었던 은준관 박사는 취임사에서 이렇게 말했다.

> 오늘의 한국 교회가 서 있는 현존의 자리를 '교회 성장 이후 시대'라고 부르고 있습니다. 이는 화려했던 1970년대, 1980년대의 교회 성장의 영광은 서서히 사라져 가고 있다는 아픔의 상징입니다. 동시에 이는 교회 성장의 환상이 사라진 바로 그 속에 교회는 하나님 백성 모두가 참여하여 세우는 새로운 공동체로 탄생될 수 있다는 소망의 사인이기도 합니다. 이것을 교회의 패러다임 전환이라고 부르는 것 같습니다. 이는 교회 성장으로부터 하나님 나라 백성 공동체의 대전환을 의미합니다. … 한국 교회의 패러다임 전환 그 첫째로, 한국 교회는 과감히 교회 중심주의로부터 벗어나야 한다고 생각합니다. 오늘 한국 교회가 겪고 있는 안팎의 모든 문제는 바로 교회 지상주의에서 연유된 것이기 때문입니다. 그러나 교회가 교회 중심을 포기하는 바로 그때, 그곳에서 하나님의 통치와 하나님 나라의 역사가 시작되기 때문입니다. 이것이 첫 번째 패러다임 전환입니다.[337]

은준관은 기독교 교육 학자로서 기독교 교육의 한계를 인식하고 교회 갱신의 키가 하나님 나라 목회로 전환이라고 생각했다. 은준관은 오늘날 교회의 문제를 신학 교육의 문제에서 보았다.

저는 여기서 신학 교육과 교회 현장 사이를 이어 주지 못하는 뿌리 깊은 원인을 재확인했습니다. 200여 년 전 시작한 신학 교육은 소위 '네 개의 틀(Fourfold Pattern)'에서 시작했습니다. 성서신학, 조직신학, 역사신학, 실천신학으로 구분되는 것입니다. 그러나 200여 년이 흘러오는 동안 서구의 신학교는 단 한 번의 변화도 없이 이 네 틀을 고수하면서 이틀 안에서 '전문화(Professionalization)'의 이름으로 끝없이 확대되는 전공 과목들을 나열해 왔던 것입니다. 날이 갈수록 신학 교육의 과목들은 점점 더 전문화되고 세분화되어 왔습니다. 이 흐름을 막을 자가 없었습니다.[338]

은준관은 신학 교육과 교회 현장 사이를 이어 주는 새로운 패러다임 하나가 필요하다는 생각을 하게 되었다. "교회론은 교회

---

337 은준관, 「하나님의 나라를 이 땅에서 증언하는 순례자들의 합창: 실천신학대학원대학교가 설립되기까지」, 140–2.
338 Ibid., 25–6.

론적 관점에서 접근하면 그것은 대단히 위험한 교회론이 된다는 사실이었습니다. 교회론은 하나님 나라의 모티브에서 보아야 한다는 신학적 원리가 더욱 강렬하게 다가왔습니다."[339] 그는 하나님 나라의 모티브에서 교회를 보면 교회의 목적이 그 자체에 있지 않고 하나님 나라를 경험하고 기억하고 증언하는 하나님 백성 공동체이며, 이것이 역사 종말론적 공동체라는 사실을 발견하게 된다고 한다.[340] 은준관은 「신학적 교회론」과 「실천적 교회론」 두 저서 속에 그의 교회론을 담아냈다. 그리고 하나님 나라 목회를 한국 교회 갱신을 위한 대안으로 제시한다.

'하나님 나라 백성 공동체 세우기'라는 설립 이념으로 세워진 실천신학대학원대학교는 '하나님 나라 목회 박람회'를 2019년 5월 20-21일 실시했다. 박람회 강의 자료를 모아 「하나님 나라를 목회하라」는 책을 출간했다. 박원호 총장은 책 인사말에 "그동안 한국 교회는 입으로 하나님의 나라를 말했지만 실제 목회 현장에서는 외면당했습니다."[341]라고 했다. 모든 목회자들이 신학교에서 하나님 나라에 대해 배웠을 것이다. 그러나 목회 현장에서 하나님 나라는 찾아보기 매우 힘들다.

---

339 Ibid., 34.
340 Ibid.
341 김민호 외 7인, 「하나님 나라를 목회하라」, 4.

박원호는 하나님 나라 목회 박람회를 개최하는 이유를 이렇게 말한다. "다시금 주님의 기도와 소망이셨던 하나님 나라, 성경의 중심인 하나님 나라, 초대 교회 터전이었던 하나님 나라를 목회의 중심에 회복하려고 합니다."[342] 그는 저자와의 인터뷰에서 그가 하나님 나라의 대주제를 가지고 목회와 교육을 했다고 했다. 그리고 그 자료를 한국 교회를 위해 발표하려고 준비 중이다. 우리의 교회 사역이 교회 성장만을 추구하는 목회가 아니라 하나님 나라를 사역하는 목회가 되어야 한다. 실천신학대학원대학교는 한국 교회에 '대안 교회' 모델을 제시하기 위해 세워졌다. 교회 중심 목회에서 하나님 나라의 중심 목회 전환이 절실히 필요하다.

나는 교회 갱신을 위해 복음의 원형과 교회의 원형을 찾는 일을 최우선으로 해야 된다고 생각한다. 다시 말하지만, 복음이 교회에 정체성을 주고 사역을 결정하기 때문이다. 한 교회의 목사와 교인들이 복음을 어떻게 이해하는가가 그 교회의 정체성과 사역의 내용을 결정한다. 복음에서 하나님 나라를 분리하면 이원론 복음이 되고, 교회론에서 하나님 나라를 분리하면 교회 지상주의 목회가 된다.

---

342 Ibid., 5.

1. 복지가 교회 성장과 경제적 이익의 도구가 아닌

자기희생적 섬김이어야 한다

지금 한국 정치의 최고 이슈는 '복지'인 것 같다. 좌우를 떠나 정치인들이 모두 복지 플랜을 들고 나온다. 좌파에서는 '기본 소득제'를, 우파에서는 '안심 소득제'를 말한다. 전자는 보편 복지, 후자는 선별 복지 정책이다. 좌우 가릴 것 없이 복지 정책 없이는 표를 얻을 수 없게 되었다. 이제 우리 사회가 배고픔의 시대를 지나 선진국의 대열에 진입하고 있다는 증거일 것이다. 목회의 어려움을 실감하는 목사들은 목회의 위기를 극복하기 위해 복지에 기웃거리거나 일부 목사들은 복지에 올인하고 있다.

사회복지는 원래 교회에서 시작되었다. 독일 바이마르 공화국 때 생겨났다. 독일의 개신교가 시작한 사회복지를 '디아코니아(Diakonia)'라고 부르고, 가톨릭 교회가 개신교보다 50년 늦게 시작한 복지 정책을 '카리타스(Caritas)'라고 한다. 지금도 독일은 교회가 정부로부터 디아코니아를 위임받아 실행하고 있다. 국민들이 종교세를 내고 그 세금으로 교회가 복지를 하고 있다. 엄밀히 말하면 독일 교회가 정부 예산을 쓰는 것이 아니라 그리스도인들의 헌금을 복지에 쓰는 것이다.

디아코니아 학자 게르트 타이센(Gerd Theißen)은 예수님의 선한 사마리아인 비유를 가지고 두 종류의 복지 모델을 말했다.

'숙소 주인 기능 모델'과 '사마리아인의 기능 모델'이다.[343] 선한 사마리아인 비유에서 여관 주인은 숙소 주인 기능 모델 시스템을 잘 이용한 사람이다. 강도 만난 사람에게 여관을 대여해 주고 나름 그를 도왔다. 그리고 나중에는 사마리아인에게 '백지수표'까지 받았다. 사마리아인은 자기가 포도주와 돈을 소비하며 강도 만난 사람을 도왔다. 생명의 위협까지 감수했다. 돈과 시간을 투자하여 위험에 처한 사람을 아무 대가 없이 도왔다.

복지를 하고 있는 대부분의 한국 교회가 여관 주인 모델의 복지를 하고 있다. 정부가 하고 있는 복지기관들을 교회에 들여와서 경제적 이익도 보고 몇 사람 전도하거나 교회에 속한 복지기관에서 일하는 대가로 교회 출석을 강요(?)하여 교회 성장을 해 보겠다는 것이다. 한국 교회의 어려운 상황을 이해하지 못하는 것은 아니다. 목회가 선교보다 어려운 시대가 되었다. 선교지에서 교회를 세우는 것보다 한국에서 교회 개척이 더 어려울 수도 있다. 물론 선교 지역마다 차이가 있다.

나도 90년대 초 한국에서 개척교회를 해 보았다. 선교지에서도 현지인 교회 개척을 한 경험이 있다. 교인 한 사람이 얼마나 소중한지 나도 안다. 작은 교회 목사들의 어려움을 누구보다 잘 안다.

---

343 김옥순, 「디아코니아학 입문」 (서울: 한들출판사, 1992), 122-125.

하나님 나라와 이혼한 복음

교회를 성장시켜 보려고 몸부림치는 목회자들의 그 마음을 왜 모르겠는가? 그러나 어려운 때일수록 '꼼수' 가 아닌 '본질' 로 승부해야 한다고 생각한다. 수많은 교회 프로그램들이 있다. 프로그램이 필요 없다는 것이 아니다. 좀 더 본질적인 것으로 승부해 보자는 것이다. 복음이 본질이다. 하나님 나라 복음이 복음의 원형이다. 또 하나의 프로그램이 아닌 복음의 원형을 회복하고 원형교회로 돌아가 보자.

복지는 교회에서 태어났고 교회가 지금까지 해 오던 일이다. 이제 나라가 발전하여 정부가 복지에 관심을 갖기 시작한 것이다. 그러나 국가가 하는 복지와 교회가 하는 복지는 달라야 한다. 교회는 '숙소 주인 모델 복지' 보다 '사마리아인 모델 복지' 를 해야한다. 한국 사회에 비춰진 교회의 모습은 '자기들만 아는 이익 집단' 이다. 전적으로 동의하기는 그렇지만, 한국 사회가 교회를 그렇게 본다.

그런데 교회가 '숙소 주인 모델의 복지' 를 한다고 지역사회가 감탄하며 교회에 갈채를 보내고 교회에 가고 싶은 마음이 생기겠는가? 영특한 세상 사람들은 교회가 왜 복지를 하는지 너무나 잘 알고 있다. 교회가 정부기관과 함께 복지를 할 수도 있다. 때로는 교회와 정부가 협업해야 된다고 생각한다. 그런데 그 전제는 교회의 '자기희생'이다. 자기희생을 하면서 정부기관이나 NGO들과 협력할 때 의미가 있다.

더 좋은 것은 교회가 '사마리아인 모델의 복지'를 하는 것이다. 우리 사회에 아직도 복지 혜택을 제대로 받지 못하는 '복지 사각지대'에 계신 분들이 너무나 많이 있다. "보건복지부는 복지 사각지대 발굴 시스템에서 걸러낸 63만3,075명을 위기가구로 예측해 일선 읍, 면, 동에서 조사하도록 했는데 이 중 최종적으로 지원을 받은 가구는 22만8,009가구로 36%에 지나지 않았다. 특히 기초생활보호, 차상위계층,[344] 긴급보호 등 안정적인 공적 보호로까지 연결된 경우는 전체 조사 대상의 10.5%(1만7,674가구)에 불과했다."

우리 주변에 여전히 복지 사각지대에 있는 분들이 생각보다 많이 있다. 교회의 복지는 우선적으로 이런 분들을 위하여 해야 한다. 교회는 작은 복지라도 자기희생을 통하여 해야 한다. 외부의 자원이 아니라 내부의 자원을 발굴하여 자기를 희생하며 섬김으로 커뮤니티 빌딩(community Building)을 행해야 한다.

복지는 교회가 당연히 해야 하는 것이지만 복지로 교회를 성장

---

344 차상위계층이란 중위소득 50% 이하를 의미한다. 작은 소득이 있거나 고정적 재산이 있어 수급자에서 제외된 계층을 말한다.

하나님 나라와 이혼한 복음

시키겠다는 생각은 버려야 한다. 교회의 모든 사역자들이 교회가 운영하는 복지기관의 장들이고, 월급은 교회가 아닌 복지기관에서 받는 교회도 있다. 섬김은 교회의 본질적 사역 가운데 하나이다. 복음 전도를 열심히 하는 교회보다 지역사회를 잘 섬기는 교회가 전도를 2.6배 더 잘한다는 통계를 본 적이 있다.

그러나 목적이 순수해야 지역사회로부터 칭송을 받을 수 있고 교회 성장도 이룰 수 있다. 교회의 경제적 이익과 교회 성장의 도구로서의 복지가 아닌 지역사회를 감동시키는 커뮤니티 빌딩의 개념으로 복지를 해야 한다.

2. 목회학과 선교학을 통합한 목회 전략이 있는
선교적 교회가 되어야 한다

한국 교회 안에 '선교적 교회'라는 말이 대유행이 되었다. 하지만 선교적 교회의 개념을 잘 이해하는 목회자가 그리 많지 않은 것 같다. 레슬리 뉴비긴(Leslie Newbigin)이 인도에서 30년간 선교 사역을 마치고 영국으로 돌아왔을 때 영국교회가 선교지가 되어 버린 사실을 인식하고 영국 교회가 선교적 마인드와 전략을 가지고 목회를 해야 된다고 말한 것을 미국의 신학자들이 발전시킨 개념이다. 그러므로 선교적 교회를 정의하기는 쉽지 않다. 한마디로 '선교적 교회'란 목회학과 선교학(선교 전략)을 접목한 것이다. 선교사가 복음이 전해지지 않는 땅에 들어가 복음을 전하고 교회를 세우는 전략으로 이제 한국에서 목회를 해야 한다는 것이다.

한국 교회는 이미 성장 후기 시대에 들어갔다. 새 시대에 걸맞은 목회 전략이 필요하다. 새로운 프로그램이 필요하다는 말이 아니다. 사도 요한이 헬라 철학의 중심지인 에베소에서 사역하면서 복음을 설명하기 위해 헬라적 용어와 헬라적 표현 양식을 사용했다. 사도 바울이 그레코로만 문화권에 있는 이방인들에게 복음을 전하기 위해 그레코로만 용어들을 사용했지만 복음의 본질을 바꾸지 않았다. 단지 표현 방식이 달라진 것이다.

항상 복음은 문화의 옷을 입고 전달된다. 이것을 선교학에서는 '상황화(contextualization)'라고 하며, 신학이 선교지 문화의 옷을 입는 것을 '자신학화(self-theologizing)'라고 한다. 상황화는 토착화(indigenization)와 구분되며, 자신학화는 혼합주의(syncretism)와 구분된다. 복음주의 자들이 사용하는 상황화와 자신학화는 문화적 면을 말하는 것이고, 일부 에큐메니칼과 가톨릭이 말하는 토착화와 자신학화는 복음과 신학의 본질을 상대화하는 경향이 있다. 우리에게 복음을 상대화하거나 전 세계가 공유하고 있는 보편 신학(universal theology)을 바꿀 수 있는 권한이 없다. 복음과 보편 신학은 절대적인 것이다. 그러나 표현 양식과

하나님 나라와 이혼한 복음

접근 방식은 문화의 옷을 입을 수 있다.

복음을 젊은이들에게 전하기 위해서는 선교사가 선교지 사람들의 옷을 입고 다니듯 복음이 젊은이들의 문화적 옷을 입어야한다. 젊은이들이 관심을 가지고 있는 이슈를 찾아내고 걸맞은옷을 입어야 한다. 만일 내가 한국에서 젊은이들을 위한 교회를개척한다면 대학가에 크리스천 생맥주바(Christian Draft Beer Bar, C. D. Two B.)를 할 것이다. 그 안에 상담실도 만들고 스터디 그룹방도 만들고, 주일에는 거기서 예배드릴 것이다. 매 주일마다 성찬식을 하고 예배를 마치면 성찬상에 생맥주와 다과와 컵라면을올려놓고 친교의 시간을 가질 것이다.

주초 문제는 문화의 문제이지 본질의 문제가 아니다. 크리스천대학생들 중 생맥주 한잔 안 마시는 학생이 몇 퍼센트일까? 본질은 양보할 수 없지만 문화는 언제든지 받아들여야 한다. 교회 문화에 질식한 젊은이들이 대학만 들어가면 교회를 떠난다. 아무것도 안 하고 그냥 내버려 둘 수 없다. 교회 안이 선교지다. 이들을먼저 잡고 교회 밖의 젊은이들을 전도해야 한다.

4차 산업혁명 시대에 교회는 미래 지향적 옷을 입어야 한다. 수구적이고 권위적 종교가 되어서는 안 된다. 교회 권위의 구조가 수직적 구조가 아닌 수평적 구조로 변해야 하며, 상호 커뮤니

케이션의 소통이 이루어져야 한다. 인간이 기계화되고 기계가 인간화되는 시대에 교회는 인간 본성에 대한 연구와 진정한 인간성을 강조해야 한다. 사물인터넷(IoT) 시대, 모든 기계가 인터넷과 접속되고 인간의 뇌가 빅데이터에 연결되는 시대에 교회는 초자연적 영성을 보여 주어야 한다. 과학이 종교가 독점했던 '종교 상품'을 개발 판매하고 '영생'까지 약속하는 시대에 교회는 변증학을 새롭게 세워 가야 하며 종말론을 다시 점검해야 한다.

이 모든 것이 선교적 교회의 선교 전략이 되어야 한다. 카페 교회, 도서관 교회, 공원 교회 등 이머징 교회(emerging church)가 선교적 교회가 아니다. 이런 교회들을 작동하게 하는 선교신학과 선교 전략이 선교적 교회를 만든다. 하드웨어보다 소프트웨어가 더 중요하다. 아무런 신학적 준비 없이 이런 교회를 시작했다가 어려움을 겪는 많은 목회자들을 많이 볼 수 있다.

한국 교회는 교회 성장 후기 시대와 4차 산업혁명 시대에 맞는 신학을 적립하고 적합한 목회 전략을 찾아야 한다. 로봇이 인공지능을 가지고, 인간이 기계화되는 시대에 무엇보다 중요한 것이 '공동체성'이다. 교회는 '종말론적 하나님 나라 백성 공동체', '종말론적 식탁 공동체'가 되어야 한다. 하나님 나라는 종말론적이다. 한국 교회가 시편 133편과 같은 하나님 나라 원리가 작동

되는 교회가 되어야 한다.

이미 시작되었지만 종말론적으로 완성될 하나님 나라를 바라보며 그 나라를 앞당겨 맛보는 자들의 모임이 교회이다. 그러므로 교회가 하나님 나라의 이상과 원리가 실현되는 공동체가 되어야 한다. 교회가 천국이 되어야 한다. 교회가 하나님 나라를 비추는 거울이 되어야 한다. 복음이 복음 되고 교회가 교회 되는 것보다 더 좋은 목회 전략은 없다. 초대 교회는 천국을 보여 주며 '천국 복음'을 전했다.

다시 강조하지만 복음 전도보다 더 중요한 것이 교회가 교회답게 되는 것이다. 식당이 홍보를 아무리 열심히 한다고 해도 음식이 맛이 없다면 그 광고가 무슨 의미가 있겠는가? 그렇지만 음식이 맛있으면 그 식당이 어디에 있든 상관없이 찾아간다. 심지어 사람들이 밥 한 끼 먹겠다고 줄 서서 기다린다.

복음의 사사화를 극복하고 복음의 공공성을 회복해야 한다. 영혼 구원만 말하지 말고 전인 구원과 모든 피조물의 회복을 말해야 한다. 교인들이 사회 구석구석에서 하나님 나라 시민으로 세상을 변화시키는 삶을 살아가야 한다. 한국 교회가 교회 중심주의에서 탈피하고 이원론 복음을 극복해야만 '자기들만 아는 이기적 집단'이라는 말을 듣지 않게 될 것이며, 나아가 지역사회로부터 칭송받는 교회가 될 것이다.

예수님의 선한 사마리아인 비유에 세 종류의 사람이 등장한다. '필요 없는 사람', '있으나 마나 한 사람' 그리고 '꼭 필요한 사람' 이다. 사회가 보는 교회도 마찬가지이다. 우리 동네에 '없어야 할 교회', '있으나 마나 한 교회' 그리고 '꼭 있어야 할 교회' 세 종류가 있다. 한국 사회가 교회를 판단하는 기준은 영적인 것보다 사회적인 것이다. 종교성이 강하다고 사회가 교회를 칭찬하지 않는다. 그 교회가 얼마나 지역사회와 소통하고 지역사회를 섬기는가에 따라 사회는 교회를 판단한다.

"교회가 왜 세상의 칭찬을 받아야 하나? 교회는 오히려 환란을 당해야 하는 것이 아닌가?"라고 반문할 수 있다. 그렇지 않다. 교회가 신앙의 핍박 때문에 고난을 받을 수 있다. 그러나 다른 일로는 핍박이 아니라 예루살렘 교회처럼 '칭송' 을 받아야 한다.

3. 소그룹(셀)과 가정 교회가 전도 도구가 아닌
하나님 나라가 되어야 한다

10여 년 전, 남미 대륙을 G12가 휩쓸고 지나갔다. 수많은 교회가 G12 셀 목회를 한다고 법석을 떨더니 몇 년 지나고 나니 잠잠해졌다. 거품이 완전히 가라앉았다. G12를 실시했던 대부분의 목사들이 셀 모임을 포기하고 전통목회로 다시 돌아갔다(대부분 오순절 교회인데, 오순절 교회는 거의 매일 예배가 있다).

그 이유는 첫째, 교인들이 너무 힘들어한다. G12에서는 일주일에 자신이 인도하는 소그룹과 자신의 리더가 인도하는 소그룹에 참여해야 한다. 거기다가 각자12명의 제자를 두어야 된다는 심리적 부담감이 너무 크다. 둘째, 번식만 지나치게 강조하다 보니 셀 리더들의 자질 문제가 드러났다. 인격적 미성숙, 신앙적 미성숙, 성 문제, 재정 문제, 신학적 문제 등 너무나 많은 문제들이 일어났다. 셋째, 목회자들의 인내심 부족이다. 소그룹은 보통 시작하고부터 3-5년이 지나야 효과가 나타나기 시작하고 7년 정도 지나야 교회가 급상승하기 시작한다. 그때까지 교회가 전력을 다하여 활주로를 달려야 한다. 그런데 목회자들이 그때까지 못 기다린다.

소그룹, 셀, 가정 교회(목장)가 많은 경우 교회 성장의 도구로 사용되거나 아니면 교인 관리 시스템으로 변질되는 경우가 많다. 개인적으로 가장 선호하는 것은 휴스턴 서울침례교회에서 최영기 목사가 시작한 가정 교회 운동이다. 그 이유는 가정 교회가 하나님 나라라는 용어를 직접 사용하지는 않지만, 하나님 나라의 원리를 적용하려고 노력하는 모임이기 때문이다.

최영기 목사는 가정 교회 운동 초창기에 사도행전적 가정 교회를 꿈꾸었다. 공동 식사와 성찬, 침례를 평신도 리더(목자와 목녀)가 인도하는 가정 교회에서 행하려 했다. 개인적으로 개교회주의를 따르는 침례교신학으로는 문제가 되지 않는다고 본다. 왜냐하면 평신도가 인도하는 모임이지만 가정 교회이기 때문이다. 최영기 목사는 요한 웨슬리가 행한 '교회 안의 작은 교회(Ecclesiolae in Ecclesia)' 운동처럼 한 지역 교회 안에 작은 교회로서의 가정 교회를 두려고 한 것이다. 한국 교회의 거센 반발로 가정 교회에 성찬과 침례는 포기되었고 공동 식사만 남았다.

초대 교회가 가정에서 행한 공동 식사는 종말론적 '어린양의 혼인 잔치'를 앞당겨서 맛보는 하나님 나라의 시위였다. 초대 교회는 '종말론적 식탁 공동체'였다. 사회적 신분과 인종과 경제적 구분을 뛰어넘는 하나님 나라의 식탁을 보여 주었다. 가정 교회 운동에서 공동 식사는 양보할 수 없는 필수 조건이다. 목녀가 아무리 힘들어 쓰러질 것 같아도 공동 식사는 준비한다. 많은 사람들이 공동 식사 때문에 가정 교회에 나오는 경우가 있다. 이것이 셀과 가정 교회의 다른 점 중 하나이다.

가정 교회에서는 치유가 일어난다. 가정 교회 모임에서 가장 중요한 시간은 '나눔의 시간'이다. 자신들의 삶을 나누며 내적 치유가 일어난다. 다른 사람들이 내 말을 들어 줌으로 내면의 치유가 일어나며, 대부분의 문제가 나만의 문제가 아니라 거의 모든 사람들이 다 겪는 공통의 문제라는 사실도 깨닫게 된다. 보다 중요한 것은 '성령의 사역'이다. 목자는 그날 나눔 가운데 성령께서

하나님 나라와 이혼한 복음

누구를 만지시는지 파악한다. 그리고 그를 위해 집중적으로 기도한다. 그러므로 가정 교회에는 간증이 많다. 목장을 가장 잘 분가(배가)하는 목자들 중에는 성령의 사역에 민감하며 성령의 은사들을 잘 사용하는 자들이 많다.

소그룹이든, 셀이든, 가정 교회이든 가장 중요한 것이 두 가지다. 첫째는 나눔과 섬김의 역동성이다. 이것이 소그룹이 가지는 가장 큰 특징이다. 소그룹이 가지는 다이내믹은 대그룹에서 경험할 수 없다. 나눔과 섬김 속에 역동성이 나타난다. 우리가 모든 사람의 이야기를 들어 줄 수 없고 모든 사람들을 다 섬길 수 없다. 그러나 소그룹 안에서는 이것이 가능하다.

목자와 목녀의 섬김은 부모의 사랑보다 진하다. 부모도 형제도 그렇게 하기 힘들다. 그런데 가정 교회의 목자들은 그 일을 거뜬히 해낸다. 그들에게 어떻게 그렇게 할 수 있느냐고 물으면 한결같이 VIP(아직 예수님을 영접하지 않은 가정 교회 참가자들) 때문이라고 대답한다. 한 VIP가 예수님을 영접하고 침례를 받는 경험(목자가 함께 물에 들어간다)은 그들에게 그 힘든 일을 능히 감당할 수 있는 새 힘을 준다.

둘째는 성령 사역이다. 공동 식사 가운데, 말씀을 나누는 가운데, 삶을 나누는 가운데 성령이 역사하신다. 목자는 늘 성령의 움직임에 민감해야 한다. 우리 힘으로는 한 사람도 변화시킬 수 없다. 변화와 치유는 성령의 사역이다. 그러므로 목자는 늘 목원들을 위해 기도한다. 특별히 나눔 시간 뒤 기도 시간에 성령께서 역사하신다.

예루살렘 교회는 가정 교회였다. 그들은 가정에 모여서 식사와 성찬을 나누고, 말씀을 나누고 기도했다. 비인가 종교단체로 분류되어 자신들의 모임을 위한 건물을 소유할 수 없었다. 그러므로 초대 교회는 가정에서 모일 수밖에 없었다.

380년 기독교가 로마 제국의 국교가 되면서 거꾸로 거대한 성전 안에서만 모임이 가능해졌고, 가정에서 모이는 것과 집에서 행하던 성찬과 침례가 금지되었다. 18세기 요한 웨슬리가 공원에서 혹은 산속에서 광부들과 함께 예배를 시도할 때까지 말이다. 아직까지 교회 밖에서의 성찬과 침례는 금지다.

나는 이것이 회복되어야 진정한 가정 교회라고 생각한다. 왜냐하면 초대 교회는 가정 교회였고, 가정 교회가 성경적이기 때문이다. 가정에서 모이는 초기 교회는 '종말론적 하나님 나라 백성 공동체'였으며, 새 언약의 관계 속에서 새로운 대안 사회를 보여 준 '영생 공동체'였다. 구약과 하나님 나라 관점에서 '영생'은 '하나님과 언약적 관계 속에서 형제가 서로 사랑하며 섬기며 연합하여 하나님의 복을 누리며 사는 공동체(시133편)이다.

하나님 나라와 이혼한 복음

공관복음서는 '하나님 나라 백성 공동체'를, 요한복음은 '영생 공동체'를 말한다. 이 둘은 하나이지 조금도 다르지 않다. 오늘날 우리가 말하는 이원론적 영생과는 너무나 다르다. 영생은 시간적 개념이라기보다는 관계적 개념이 더 강하다. 어떻게 영원히 사는가가 관건이다. 깨어진 관계 속에서 영원히 사는 것은 '지옥'이다. '천국'은 화목한 관계 가운데 영원히 사는 것이다. 교회는 '천국의 거울'이고 '하나님 나라의 대사관'이다. 소그룹과 셀과 가정 교회가 교회 성장의 도구나 교인 관리 시스템이 아닌 하나님 나라, 천국이 되어야 한다.

보라 형제가 연합하여 동거함이 어찌 그리 선하고 아름다운고 머리에 있는 보배로운 기름이 수염 곧 아론의 수염에 흘러서 그의 옷깃까지 내림 같고 헐몬의 이슬이 시온의 산들에 내림 같도다 거기서 여호와께서 복을 명령하셨나니 곧 영생이로다(시편 133)

빌기를 다하매 모인 곳이 진동하더니 무리가 다 성령이 충만하여 담대히 하나님의 말씀을 전하니라 믿는 무리가 한마음과 한뜻이 되어 모든 물건을 서로 통용하고 자기 재물을 조금이라도 자기 것이라 하는 이가 하나도 없더라 사도들이 큰 권능으로 주 예수의 부활을 증언하니 무리가 큰 은

혜를 받아 그중에 가난한 사람이 없으니 이는 밭과 집 있
는 자는 팔아 그 판 것의 값을 가져다가 사도들의 발 앞
에 두매 그들이 각 사람의 필요를 따라 나누어 줌이라(행
4:31-35)

소그룹과 셀이, 가정 교회가 초대 교회의 가정 교회처럼 될 수
있다면, 그리하여 하나님 나라를 이웃에게 보여 줄 수 있다면, 천
국을 보여 줄 수 있다면 전도는 저절로 될 것이다. 성장은 결과이
지 목적이 아니다. 최영기 목사는 가정 교회와 셀의 차이를 이렇
게 말한다. "서로 사랑한 결과로 아이를 낳는 것과 아이를 낳기
위한 목적으로 사랑하는 것은 다르다." 아이를 생산하기 위해 사
랑하는 것은 불행한 사랑이다. 우리의 목적은 하나님 나라의 가
치와 원리가 실현되는 공동체를 만들어 내는 것이다. 전도보다
교회가 교회되는 것이 우선한다.

4. 본질에서 나오는 신앙의 야성을 회복해야 한다

전략과 프로그램 이전에 신앙의 가장 본질적인 것이 중요하다.
기도와 말씀이 가장 본질적이라고 생각한다. 사도행전 6장은 예
루살렘 교회 집사를 임명하면서 사도들이 "우리는 오로지 기도
하는 일과 말씀 사역에 힘쓰리라"고 했다. 목사들의 본연의 일은

말씀 사역과 기도 사역이다. 목사가 주일이든 수요일이든 매주 정규적으로 시리즈 강해설교를 할 필요가 있다고 생각한다. 왜냐하면 그렇지 않으면 바쁜 목회 스케줄 때문에 성경을 연구할 시간을 따로 내기가 어렵기 때문이다. 우리는 가르치면서 배운다.

　나는 20년 이상 귀납법적 QT를 했고 아르헨티나 목사들에게 성경을 꾸준히 가르치고 있다. 지금까지 성경 가르치기를 쉬어 본적이 없다. 그런데 강의를 준비하면서 강의를 하는 동안에 너무나 많은 것들을 배우고 깨닫는다. 지금도 안식년이지만 줌(Zoom)으로 매주 두 번 두 그룹의 목사들에게 요한복음을 가르치고 있다. 강의 영상을 미리 유튜브에 업로드해 주어서 강의 전에 영상에 있는 ppt를 보고 노트하면서 충분히 공부할 수 있게 해 준다. 그리고 수업 시간은 질문과 토론 그리고 보충 설명으로 진행된다.

　이 방법을 '거꾸로 교실(Flipped Classroom)"이라고 하는데 많은 세계적인 대학들이 이 방식으로 강의를 하고 있다. 이렇게 하면 대면 강의보다 더 좋은 효과를 볼 수도 있다. 우리는 의지가 약하여 시스템이 없으면 계속하기가 쉽지 않다. 그러므로 계속적인 귀납법적 성경 연구와 설교를 시리즈 강해설교로 하는 것이 필요하다. 설교는 청중의 지정의를 다 자극해야 한다. 그러므로 지적으로 새로운 것을 교인들이 들을 수 있어야 한다. 그렇지 않으면 교인들은 설교를 지루하게 느낀다.

무엇보다 예수의 사역과 가르침을 다룬 복음서를 설교할 필요가 있다. 구약의 39권과 신약의 27권이 다 계시된 하나님의 말씀이지만 전통적으로 교회는 복음서의 권위를 다른 책들보다 우위에 두었다. 동방정교회나 가톨릭교회는 예배 입장 시 복음서를 높이 들고 입장하고 성서정과(구약 두 개, 신약 두 개의 본문)에 따라 예배에서 읽는 네 개의 본문 중 세 개는 강단 아래에서 읽고 복음서는 강단 위 설교단에서 읽는다. 우리에게는 좀 이상해 보일 수 있지만 이것은 교회의 오랜 전통이다.

그런데 대부분의 개신교 목사들은 복음서를 잘 설교하지 않는다. 여러 가지 이유가 있겠지만 종교개혁자들이 복음서보다 바울 서신에 집중하면서 일어난 현상이라 생각한다. 아무튼 우리는 말씀 사역에 힘써야 한다. 교인들이 설교를 통해 은혜를 받아야 하고 설교를 통해 삶의 변화를 받아야 한다.

제발 주일 설교는 누구나 다 알아들을 수 있게 쉽게 하면 좋겠다. 교인들의 신앙 수준을 0-10으로 나눈다면 주일 설교는 '주일 신자들' 수준인 2-3 정도에 맞추면 좋다. 교육적으로 볼 때 주일에 한 번만 교회에 나와서 예배드리는 것이 전부인 교인들이 교회마다 차이는 있겠지만 평균 3분의 2가 넘을 것이다. 그들이 유일하게 신앙 교육을 받을 수 있는 기회는 주일 예배다. 그런데 주일 설교를 장로 권사들 수준인 8-9에 맞추어 하면 '주일 신자들'은

하나님 나라와 이혼한 복음

신앙 교육을 받을 기회를 완전히 박탈당한다. 신앙이 좋은 분들은 수요일, 금요일, 매일마다 새벽 기도까지도 나온다. 제자 훈련도 하고 성경 공부도 한다. 문제는 3분의 2에 달하는 '주일 신자'들이다.

기도에도 시스템이 필요하다. 시스템의 보호 없이 혼자 기도하는 것은 거의 불가능하다. 한국 교회 목사들은 새벽기도를 도대체 누가 만들었나 불평하지 말고 감사해야 한다. 새벽기도가 있어 그나마 다른 나라 목사들보다 더 기도할 수 있다. 세계 목회자들이 평균 매일 15분 개인기도를 한다고 한다. 한국 목사들은 적어도 1시간은 기도한다. 3시간 기도하는 목사들도 있다. 새벽기도 때문이다. 새벽기도 마치고 대부분의 교인들이 돌아갈 때까지 목사는 앉아라도 있어야 한다. 그러면 1시간은 한다.

늘 목사를 이기는 권사 몇 명은 어느 교회나 있다. 새벽기도 설교를 부목사들에게 시켜 놓고 새벽기도에 나오지도 않는 목사들이 많다고 들었다. 사람마다 생활습관이 다르니까 그럴 수 있다고 생각한다. 그런데 과연 그 목사들이 다른 시간에 기도할 수 있을까 의문이 생긴다. 다른 시간에 기도할 수 있으면 다행이지만, 그게 아니라면 새벽기도를 이용하라. 아니면 저녁기도회, 정오기도회 등 다른 시스템을 만들 필요가 있다. 왜냐하면 내 경험에 의하면 내 연약한 의지를 받쳐 주는 시스템이 없으면 기도하지 않게 되기 때문이다.

　나는 아르헨티나 부에노스아이레스에서 선교 사역을 한다. 선교사는 모든 것을 다 혼자 알아서 해야 된다. 편하기도 하지만 한없이 나태해질 수도 있다. 나 개인의 영성 관리를 위해 한 교포 교회에 새벽기도를 다녔다. 그리고 가장 좋은 시간은 교인들이 다 떠나고 예배당에 혼자 남는 시간이다. 나는 거의 매일 '몇몇의 권사들'을 이겼다. 그때는 마치 하나님과 내가 독대하는 기분이다. 소리쳐 기도하기도 하고 찬양을 부르기도 하고 걸어 다니며 기도하기도 한다.

　기도는 영적 깊이와 야성을 길러 준다. 기도를 통해 성령의 능력과 은사들을 받는다. 목사가 영적 능력이 있어야 교인들이 존경하고 따른다. 목사는 종교 지도자다. 종교 지도자로서 가져야 할 영적 권위가 있어야 한다. 또한 한 지역 교회가 그 지역을 영적으로 다스릴 수 있어야 한다. 그 지역에 역사하는 영적 세력들을 교회가 제압해야 한다. 타 종교에 무례하게 행하라는 것이 아니다. 남의 절에 들어가서 무례한 행동을 안 해도, 장승을 베어 내지 않고도 교회에서 조용히 기도함으로 지역의 모든 영적 세력들을 잠잠케 할 수 있다.

　한국은 다종교 사회다. 한국이 구약의 이스라엘처럼 유일신 단

일종교 국가가 아니다. 타 종교에 대한 예의를 갖추는 것이 필요하다고 생각한다. 지역 영적 지도를 그리거나 땅 밟기를 꼭 안 해도 된다. 얼마든지 기도 가운데 그 지역의 영들과 영적 전쟁을 치를 수 있다. 우리가 깊은 기도에 들어가면 내가 원하든 원치 않든 그 지역에 역사하는 영들과 대면한다. 이런 경험을 하려면 적어도 몇 시간 기도의 자리에 앉아 있어야 한다.

우리 교회 때문에 우리 지역의 영적 세계의 질서가 잡혀야 한다. 동의하지 않는 사람도 있겠지만 이에 관한 수많은 사례들이 있다. 선교지에서 선교사들이 아주 흔히 경험할 수 있는 일이다. 영적 싸움이 선교지에만 있지 않다. 영적 싸움은 우주적인 것이다. 복음을 전하는 것은 치열한 영적 싸움을 싸우며 어둠의 나라를 점령해 들어가는 것이다. 영적 싸움에는 악의 세력의 저항이 반드시 있다. 적들은 순순히 자기 영토를 우리에게 내주고 떠나지 않는다.

한 사람 속에 자리 잡은 귀신을 쫓아내는 데도 많은 저항이 있는데 한 지역을 영적으로 점령하는 데는 거센 저항이 있다. 그러나 우리는 그리스도께서 이기신 싸움을 싸우는 것이다. 우리의 싸움은 승리한 싸움의 전리품을 거두는 것이다. 우리는 먼저 영적 싸움에서 승리해야 한다. 어떤 이들은 세 시간 이상 하지 않는 기도는 기도가 아니라고 한다. 무슨 말인지 이해는 한다. 그렇다고 시간이 절대적인 것은 아니다. 깊은 기도에 들어가는 것이 중요하다. 내 경험에 의하면, 깊은 기도에 들어가기 위해서는 시간이 좀 걸린다. 문제는 우리가 하나님 앞에서 깊은 기도에 들어갈 만큼 오래 앉아 있지 못한다는 것이다.

한 장로는 "목사님들이 차를 타지 말아야 한다"고 했다. "장로님, 21세기에 그게 무슨 말씀입니까?"라고 했더니 "목사님들이 차를 타고 너무 돌아다니신다. 그러니 언제 성경 보고 기도하겠습니까?" 그렇다. 우리는 너무 분주하고 바쁘다. 하나님의 임재에 잠겨 오랜 시간 앉아 있지 못한다. 너무 분주히 돌아다니지 말고 좀 하나님의 임재 앞에 잠잠히 앉아 있어 보자. 그러면 어둠의 세력들이 슬금슬금 달려들기도 한다. 이때가 바로 내가 하나님의 능력을 경험할 최고의 순간이다.

나는 요즘 〈엠야전tv〉라는 유튜브 방송을 준비하고 있다. 아마 이 책이 출판되기 전에 방송을 시작할 수도 있을 것이다. 선교사들이 경험하는 선교 현장의 간증과 에피소드들을 한국 교회 성도들에게 바로 들려주기 위해서다. 마치 종군 기자가 전투 현장의 상황을 현장에서 전달하듯이 줌(Zoom)을 통하여 선교 현장에서 치열한 영적 싸움을 싸우는 선교사들을 인터뷰하여 야전의 이야기들을 유튜브에 업로드하려고 한다.

나는 늘 한국 교회에 빚진 마음이다. 한국 교회에 진 빚을 갚

하나님 나라와 이혼한 복음

아야 한다는 생각을 한다. 선교사 한 명을 키워 내는 데 수십만 불의 돈이 들어간다. 계산을 해 보지는 않았지만 더 들지도 모른다. 나는 30년 가까이 선교하면서 한국 교회로부터 엄청난 사랑과 지원을 받았다. 이제 그 빚을 갚을 때가 되었다.

미국이 가지고 있는 국방력은 미국을 제외한 모든 나라들의 군사력을 다 합쳐도 절반에 못 미친다고 한다. 미국은 엄청난 국방비를 투자하고 있고 다른 나라와 비교가 되지 않는 최첨단의 무기들을 가지고 있다. 그런데 돈과 인력과 무기보다 더 무서운 것을 미국은 가지고 있다. 그것은 전쟁에 참여한 경험이 있는 군인들을 수없이 많이 보유하고 있다는 것이다. 사병에서 오성 장군에 이르기까지 실전 경험이 있는 참전 용사들(war veterans)이 너무나 많다. 미국은 세계 도처에서 끊임없이 전쟁을 치러 왔다. 세계 어느 나라도 미국이 가지고 있는 전쟁 경험을 가지고 있지 못하다.

한국 교회는 거의 3만 명에 가까운 선교사를 보유하고 있다. 미국 다음으로 많다. 인구 비례로 보면 단연 세계 1위다. 한국 선교의 출발점을 80년대로 본다. 물론 그전에도 선교사를 보냈지만 본격적인 선교는 80년대 후반 서울 올림픽을 치르면서 시작된다. 해외여행 자율화 조치 후 해외 선교가 폭발적으로 일어났다. 한국 교회는 30-40년의 선교 역사를 가지고 있다. 향후 10년이 지나면 절반에 가까운 한국 선교사들이 은퇴하고 본국으로 돌아온다. 이제 은퇴를 앞두고 있는 우리 선교사들은 모국의 교회에 진 빚을 어떻게 갚아야 할지 고민하고 있다.

내가 유튜브 방송을 선택한 이유는 선교사들의 실전 경험으로 한국 교회의 야성을 좀 깨워 보자는 것이다. 오늘 한국 교회의 가장 큰 문제는 영성과 야성이 죽어 간다는 것이다. 목회자들이 모두 대학원 이상의 공부를 했고 설교도 스마트해졌는데 영성과 야성은 점점 소멸되어 가는 것 같다. 몇 분의 장로들과 집사들을 인터뷰했다. 안타깝지만 모두가 제일 먼저 하는 얘기가 목사들에게 영성이 없다는 말이다. 그러니 교회가 영적 파워가 없다.

선교사는 뭐 그럼 특별한 영성과 야성을 가졌나? 나는 감히 그렇다고 대답한다. 개인차는 늘 있다. 한국에 있는 어떤 목사나 성도가 선교사보다 더 강한 영성과 야성을 가지고 있을 수 있다. 하지만 선교사라는 신분 때문에 우리는 영적 전투가 살벌하게 벌어지는 전투지에 내몰렸다. 선교사는 누구보다 하나님을 더 의지하고 성령의 도우심을 필요로 하는 존재가 되어 버렸다. 그리고 그 전쟁터에서 주권적으로 임하는 하나님의 능력을 경험하며 다른 사람들이 경험하지 못하는 아주 특별한 주님의 은총을 경험한다.

마치 아브라함이 "네 본토 친척 아비 집을 떠나라"는 말씀에 순종하고 떠났을 때, 하나님의 인도하심과 그분의 능력을 경험하고 복의 근원이 될 수 있었다. 엄마 치마폭에 싸여 있던 야곱이 형 에서 때문에 집에서 쫓겨났을 때 밤새 하나님과 씨름하는 경험을 한다. 요셉이 형들의 질투로 인해 애굽으로 팔려 갔기 때문에 하나님을 생생하게 경험하고 애굽의 총리가 된다.

선교사는 '집에서 쫓겨난 자'이다. 주님의 명령에 순종하여 '본토 친척 아비 집을 떠난 자들'이다. 선교사의 삶은 방랑자의 삶이다. 갈 바를 알지 못하고 떠나는 자들이다. 하나님께 순종하여 길 떠난 자들만이 하는 특별한 '엠마오 경험'이 있다. 이것이 선교사들만의 특권이며, 선교사의 영성과 야성이다. 선교사이기 때문에 받는 하나님의 선물이 너무나 크다. 선교사들이 잘나서 특별한 영적 경험을 하는 것이 아니다. 하나님의 음성에 순종하여 본국을 떠나 주님 가라고 하신 땅으로 갔기 때문이다. 하나님은 당신의 말씀에 순종하여 떠나는 자들의 삶을 책임지신다.

하나님은 아브라함에게 "너를 축복하는 자를 내가 축복하고, 너를 저주하는 자를 내가 저주하리라"고 하셨다. 나는 선교지에서 비슷한 경험을 많이 했다. 하나님을 경험하고 싶으면 모든 것을 내려놓고 길을 떠나라. 그러면 하나님을 의지하지 않고는 살 수 없는 환경에 내몰리게 될 것이다. 그때가 하나님을 경험할 수 있는 시간이다. 이것이 선교사의 삶이다. 선교사는 아브라함, 야곱, 요셉처럼 집에서 쫓겨난 자들이다. 그래서 의지할 것은 하나님밖에 없는 자들이다.

이제 은퇴를 앞둔 우리 시니어 선교사들은 한국 교회에 진 빚을 어떻게 갚을까 고민한다. 한국 교회가 선교사들의 이야기를 좀 들어 주면 좋겠다. 특별하고 탁월한 선교사들의 이야기뿐만 아니라 평범한 선교사들의 야전 경험을 들어 주면 좋겠다. 경험 많은 시니어 선교사들의 이야기뿐 아니라 신임 선교사들이 선교지에서 '신고식(사고)'을 치르고 맨땅에 헤딩해 나가는 이야기도 들어 주면 좋겠다.

선교사의 가장 큰 욕구는 말하는 욕구다. 선교지에서 어설픈 현지어로 설교하고 성경 공부 인도하면서 늘 가슴이 답답하다. 설교하고 나면 꼭 체한 것 같다. 한국말로 속 시원히 설교해 봤으면 하는 소원이 너무나 크다. 그런데 막상 기회가 주어지면 헤매는 게 다반사이지만 말이다. 그냥 선교지의 경험들을 이야기하면 교인들이 은혜받을 텐데 설교 한번 잘해 보고 싶은 욕심이 늘 설교를 그르친다. 선교사들이 가끔 본국에서 설교할 기회를 갖기는 하지만 선교사들의 이야기를 들어 주는 교회나 사람들은 별로 없다.

밥도 사 주도 돈 봉투를 받을 때도 있다. 너무 고맙고 감사하다.

선교사라고 분에 넘치는 너무 많은 사랑을 받는구나 하는 생각이 든다. 그런데 밥과 돈보다 더 받고 싶은 선교사들의 욕구는 누가 내 이야기를 좀 들어 주는 것이다. 〈엠야전tv〉 유튜브 방송은 아주 평범한 선교사들을 온라인상에 초대하여 그들을 선교지로 몰아내신 하나님이 그들의 걸음걸음을 어떻게 인도하셨고 어떤 하나님의 능력을 경험했는지를 상세하게 한국 교회에 들려줄 것이다.

한국 교회가 말씀 앞에 든든히 서고 깊은 기도를 경험하여 다시 영성과 야성을 회복할 수 있기를 간절히 소망한다. 그 무엇보다 본질을 다시 붙잡아야 한다. 복음이 무엇인가부터 고민해 보자. 교회가 무엇인가 다시 질문하자. 그리고 복음의 원형인 하나님 나라 복음을 회복하고 교회의 원형인 하나님 나라 백성 공동체를 회복하자. 마지막으로 다시 한번 강조한다. '복음이 교회에 정체성을 주고 교회 사역을 결정한다.'

참고문헌

1. 단행본(한글 서적)

- 강영안 외 20인. 「한국교회, 개혁의 길을 묻다」. 서울: 새물결플러스, 2013.
- 고용수. 「하나님 나라와 교육 목회」. 서울: 장로회신학대학교출판부, 2009.
- 김민호 외 7인. 「하나님 나라를 목회하라」. 의정부: 드림북, 2019.
- 김세윤. 「복음이란 무엇인가」. 서울: 두란노서원, 2003.
- 김승진. 「근원적 종교개혁」. 대전: 침례신학대학교출판부, 2011.
- 김옥순. 「디아코니아학 입문」. 서울: 한들출판사, 1992.
- 김회권. 「하나님 나라 신학으로 읽는 요한복음」. 서울: 도서출판 복 있는 사람, 2020.
- 류모세. 「열린다 성경-절기 이야기」. 서울: 두란노서원, 2010.
- 박영철. 「구멍난 복음을 기워라」. 서울: 규장, 2016.
- 박영호. 「에클레시아」. 서울: 새물결플러스, 2018.
- 은준관. 「하나님의 나라를 이 땅에서 증언하는 순례자들의 합창: 실 천신학대학원대학교가 설립되기까지」. 서울: 한들출판사, 2006.
- _____. 「교육신학」. 서울: 도서출판 동연, 2013.

하나님 나라와 이혼한 복음

- 이용남, 신현숙. 「교육심리학」. 2판. 서울: 학지사, 2017.
- 최종원. 「초대 교회사 다시 읽기」. 서울: 홍성사, 2018.

2. 단행본(번역 서적)

- Bauckham, Richad. 「예수와 이스라엘의 하나님」. 이형일, 안영미 역. 서울: 새물결플러스, 2019.
- Berkhof, Louis. 「조직신학 하」. 권수경, 이상원 역. 5판. 서울: 크리스챤다이제스트, 1995.
- Cox, Harvey. 「세속도시」. 손명걸 외 6인 역. 서울: 대한기독교선회, 1967.
- Dunahoo, Carles. 「하나님 나라의 제자-새로운 틀」. 이현민 외 2인. 인천: 탬북, 2019.
- Dunn, James. 「초기 기독교의 기원 (상)」. 문현인 역. 서울: 새물결플러스, 2019.
- _____. 「초기 기독교의 기원 (하)」. 문현인 역. 서울: 새물결플러스, 2019.
- Erre, Mike. 「교회, 하늘을 땅으로 가져오다」. 송영의 역. 서울: 국제제자훈련원, 2010.
- Frost, Michael. 「성육신적 교회」. 최형근 역. 서울: 새물결플러스, 2016.
- Gibbs, Eugene편저. 「한권으로 읽는 교육학 명저 24선」. 김희자 감수. 2쇄. 서울: 도서출판 디모데, 2005.

- Glasseer, Arthur. 「성경에 나타난 하나님의 선교」. 임윤택 역. 서울: 생명의말씀사, 2006.
- Goldsworthy, Graeme. 「복음과 하나님 나라」. 김영철 역. 재판. 서울: 한국선서유니온 선교회, 2006.
- Gonzalez, Justo. 「일요일의 역사」. 이여진 역. 파주: 비아토르, 2019.
- Harris, Maria. 「교육목회 커리큘럼」. 고용수 역. 서울: 한국장로교출판사, 1997.
- Horsley, Richard편. 「바울과 로마제국」. 홍성철 역. 서울: 기독교문서선교회, 2007.
- Kraybill, Donald. 「예수가 바라본 하나님 나라」. 김기철 역. 서울: 도서출판 복 있는 사람, 2009.
- Ladd, George. 「신약신학」. 신성종, 이한수 역. 개정증보판. 서울: 대한기독교서회, 2012.
- _____. 「하나님 나라」. 원광연 역. 파주: CH북스, 2016.
- Lohfink, Gerhard. 「예수는 어떤 공동체를 원했나」. 정한교 역. 2판. 칠곡: 분도출판사, 1996.
- McKnight, Scot.「하나님 나라의 비밀」. 김광남 역. 서울: 새물결플러스, 2016.
- Middleton J., Richard. 「새 하늘과 새 땅」, 이용중 역. 서울: 새물결플러스, 2015.
- Newbigin, Leslie. 「다원주의 사회에서의 복음」. 홍병룡 역. 2판. 서울: 한국기독학생회 출판부, 2076.

하나님 나라와 이혼한 복음

- Ott, Craig 외 2인. 「선교신학의 도전」. 변진석 외 6인 역. 서울: 기독교문서선교회, 2017.
- Smith, James. 「하나님 나라를 상상하라」. 박세혁 역. 서울: 한국기독학생회출판부, 2018.
- Snyder, Howard. 「하나님의 나라, 교회 그리고 세상」. 박민희 역. 의정부: 도서출판 드림북, 2007.
- _____. 「참으로 해방된 교회」. 권영석 역. 서울: 한국기독학생회, 2005.
- _____. and Joel Scandrett. 「피조물의 치유인 구원: 땅과 하늘의 이혼을 극복하는 죄와 은혜의 생태학」. 권오훈, 권지혜 역. 서울: 대한기독교서회, 2015.
- Thurneysen, Eduard. 「목회학원론」. 박근원 역. 서울: 성서교재간행사, 1979.
- Tozer, Aiden. 「세상과 충돌하라」. 이용복 역. 서울: 규장, 2005.
- Wenham, David. 「바울: 예수의 추종자인가 기독교의 창시자인가?」. 박문재 역. 고양: 크리스챤다이제스트, 2002.
- Wright, Christopher. 「하나님의 선교」. 정옥배, 한화룡 역. 서울: 한국기독학생회출판부, 2010.
- Wright, Tom. 「마침내 드러난 하나님 나라」. 양혜원 역. 서울: 한국기독학생회출판부, 2014.
- _____. 「혁명이 시작된 날」. 이지혜 역. 파주: 비아토르, 2019.
- _____. 「하나님은 어떻게 왕이 되셨나」. 최현만 역 서울: 에클레

시아북스, 2013.

- _____. 「이것이 복음이다」. 백지윤 역 서울: IVP, 2015.
- Weber, Max「프로테스탄티즘의 윤리와 자본주의 정신」. 박성수 역. 2판. 서울: 문예출판사, 1996.
- Yoder, John. 「예수의 정치학」. 신원하, 권연경 역. 서울: 한국기독학생회출판부, 2014.

3. 단행본(외국 서적)

- Erickson, Millard. Christian Theology. 2nd ed. Grand Rapids: Baker Academic,1998.
- Friedmann, Robert. The Doctrin of the Two Word Hershberger, The Recovery of the Anabaptist Vision. Paris, Ark: The Baptist Standard Bearer, 2001.
- Freire, Paulo. Cultural Action for Reedom. Mass: Harvard University, 1970.
- _____. Pedagogy of the Oppressed. New York: Herder and Herder, 1971.
- Grudem, Wayne. Bible Doctrine—Essential Teachings of the Christian Faith. Grand Rapids: Zondervan, 1999.
- Kuiper, Barend. The Church in History. Grand Rapids: The National Union of Christian Schools, 1964.
- Westerhoff, John. Will our children have faith?. New York:

Seabury, 1976

4. 주석류

• 목회와신학 편집부 (엮음).「에베소서, 골로새서 어떻게 설교할 것
  인가」. 두란노 How주석시리즈 43. 개정판. 서울: 두란노아카데미,
  2007.

• Anne, David E.「요한계시록 1-5」. 김철 역. 서울: 솔로문, 2003.

• Aune, David E.「요한계시록 17-22」.「WBC 성경주석」. 김철 역. 서울:
  솔로몬, 2005.

• Beasley, George and Murray.「요한복음」.「WBC 성경주석」. 이덕
  신 역. 서울: 솔로몬, 2001.

• Durham, John.「출애굽기」.「WBC 성경주석」. 손석태, 채천식 역.
  서울: 솔로몬, 2001.

• Guelich, Robert.「마가복음」.「WBC성경주석」. 김철 역. 서울: 솔로
  몬, 2001.

• Hagner, Donald.「마태복음 1-13」.「WBC성경주석」. 채천석 역. 서
  울: 솔로몬, 1999.

• Nolland, John.「누가복음(상)」.「WBC 성경주석」. 김경진 역. 서울:
  솔로문, 2003.

• Stephen S. Smalley.「WBC 성경주석 요한 1, 2, 3서」, 조호진 역. 서
  울: 솔로몬, 2005.

• Walton, John H외 3인.「IVP 성경배경 주석」. 이혜영 편집. 서울: 한

국기독학생회출판부, 2010.

- Wright, Tom. 「모든 사람을 위한 사도행전」. 양혜원 역. 서울: IVP, 2012.

- _____. 「모든 사람을 위한 누가복음」. 이철민 역. 서울: IVP, 2019.

- _____. 「모든 사람을 위한 요한복음, 2부, 11-21장」. 이철민 역. 서울: 한국기독학생회 출판부, 2011.

- Baltzer, Klaus. Deutero-Isaiah A Commentary on Isaiah 40-55, Hermeneia. Minneapolis, MN: Fortress Press, 2001.

- Bruce, F. F. Romans: An Introduction and Commentary, Tyndale New Testament Commentaries. Downers Grove, IL: InterVarsity Press, 1985.

- Carpenter, Eugene. Exodus, Evangelical Exegetical Commentary. Bellingham, WA: Lexham Press, 2016.

- Ciampa Roy E. and Brian S. Rosner. The First Letter to the Corinthians, The Pillar New Testament Commentary. Grand Rapids, MI; Cambridge, U.K.: William B. Eerdmans Publishing Company, 2010.

- Cole, R. Alan. Exodus: An introduction and Commentary, Tyndale Old Testament Commentaries. Vol. 2.

- _____. Mark: An Introduction and Commentary, Tyndale New Testament Commentaries. Downers Grove, IL: InterVarsity

Press, 1989.

- Edwards, James R. The Gospel according to Mark, The Pillar New Testament Commentary. Grand Rapids, MI; Leicester, England: Eerdmans; Apollos, 2002.

- Fitzmyer, Joseph. Romans: A New Translation with Introduction and Commentary, Anchor Yale Bible. New Haven; London: Yale University Press, 2008.

- Hagner, Donald A. Matthew 1–13, Word Biblical Commentary. Dallas: Word, Incorporated, 1993.

- Keener, Craig. Romans, New Covenant Commentary Series. Eugene, OR: Cascade Books, 2009.

- Kruse, Colin. 2 Corinthians: An Introduction and Commentary, Tyndale New Testament Commentaries. Downers Grove, IL: InterVarsity Press, 1987.

- Martin, Ralph. 2 Corinthians, Word Biblical Commentary. ed. Ralph P. Martin, et al. Second Edition. Grand Rapids, MI: Zondervan, 2014.

- Millos, Samuel. Mateo, Comentario Exegético al Texto Griego del Nuevo Testamento. Barcelona: Editorial Clie, 2009.

- Moo, Douglas J. The Letters to the Colossians and to Philemon, The Pillar New Testament Commentary. Grand Rapids, MI: William B. Eerdmans Pub. Co., 2008.

- Motyer, Alec. Isaiah. Tyndal Old Testament Commentaries.ed. D.J. Wisman. Leicester: InterVarsity Press, 1999.

- _____. Isaiah: An Introduction and Commentary, Tyndale Old Testament Commentaries, Vol. 20. Downers Grove, IL: InterVarsity Press, 2009.

- Peterson, David. The Acts of the Apostles, The Pillar New Testament Commentary. Grand Rapids: Michigan, Wm. B. Eerdmans Publishing Co., 2009.

- Robertson, Archibald. Comentario al Texto Griego del Nuevo Testamento. Santiago Escuanin, Barcelona: CLIE, 2003.

- Stein, Robert H. Luke. The New American Commentary. Nashville: Broadman & Holman Publishers, 1992.

- Stott, John. The Message of Acts: The Spirit, the Church & the World, The Bible Speaks Today. Leicester, England; Downers Grove, IL: InterVarsity Press, 1994.

- Taylor, Mark. 1 Corinthians, The New American Commentary. ed. E. Ray Clendenen. Nashville, TN: B&H Publishing Group, 2014.

5. 정기간행물과 미간행물

- 권태경. "루터와 칼빈의 두 왕국론과 역사." 「성경과 신학」, 51 (2009): 111-37.

하나님 나라와 이혼한 복음

- 김난예. "기독교교육 방법에서 밥상공동체의 교육적 가치." 「기독교교 육논총」, 제46집 (2016): 47-78.

- 김선권. "칼뱅의 하나님 나라." 「영산신학저널」, Vol. 50 (2019): 155-93.

- 김영복. "슐라이어마허와 현대신학: 슐라이어마허 안에서 그리스도 와 기독교 교회 공동체의 신학적 관계성." 「한국조직신학논총」, 10권 (2004): 11-28.

- 류호영. "마태복음 16:16-19에 나타난 예수의 정체성과 하나님 나라 의 유기적 관계." 「신약연구」, 제17권 3호 (2018): 491-525.

- 박영식. "신유의 신학." 「신학과 선교」, 51권 (2017): 231-64.

- 안수강. "근현대 종말론 동향 및 관점 분석: '시상(時相)과 '국면(局面) 을 중심으로 - 바이스로부터 후크마까지." 「생명과 말씀」, 21권(2018): 129-67.

- 윤철원. "사도행전 읽기와 하나님 나라의 상관성." 「신약논단」, 제21 권 제1호(2014년 봄): 91-125.

- 윤철호. "통전적인 종말론적 하나님 나라와 현실 변혁적 교회." 「한국 기독교신학논총」, 제44집, 44 (Apr 2006): 87-110.

- 이동영. "몰트만의 삼위일체론적 종말론과 그 구성을 위한 조건들." 「한국개혁신학」, 42 (2014): 146-87.

- 이상조. "진젠도르프와 헤른후트 공동체." 「교육교회」 422권 (2013): 49-54.

- 이용석. "초대 교부들의 하나님 나라 이해." 「대학과 선교」, Vol: 7

(2004): 125.

- 원종천. "칼빈의 하나님 나라 개념." 「성경과 신학」, 14권 (1993): 74-110.

- 정승우. "왜 바울은 하나님 나라에 대해 침묵하는가?". 신약논단 제13권 제2호(2006년 여름) : 401-429.

- 최윤배. "칼빈의 교회론: 교회의 본질을 중심으로." 「선교신학」, 53 (2019): 212-36.

- 최인식. "사중복음 교회론-하나님 나라 공동체 신학." 「신학과 선교」, 48권 (1916): 153-97.

- 최형근. "하나님의 선교(Missio Dei)에 대한 고찰." 「선교신학」, 10집 (2005): 45.

- 현경식, "하나님의 나라와 믿음의 공동체-바울서신을 중심으로", 신약논단 제13권 제2호(2006년 여름): 377-400.

- Dickau, Tim. "Seeking the Kingdom of God as a Church in a Postmodern Age." Direction, 48 no 1 (Spr 2019): 49-54.

- Dyrness, William. "하나님 나라 운동으로서의 개혁주의 생명신학: 일반은총과 "시적 신학"의 관점에서." 「생명과 말씀」, 제4권 (2011): 179-225.

- Martin, Maier. "Do We Still Need Reformers in the Church? The Case of Oscar Romero." New Blackfriars, Mar 2018, Vol. 99 Issue: 1080.

- Turner, Max. "성령세례 문제에 대해 우리는 어디에 있나?: 누가-행

전에서의 성령과 구원." 「영산 신학저널」, Vol. 26 (2012), 7-30.

- Vlach, Michael. "God's Kingdom and the Miraculous." MSJ 25/2 (Fall 2014): 29-43.

6. 학위논문

- Bazan, Edgar. "The Makes of a Turnaround Church: Common Patterns and Contributing Factors." D. Min. diss., Asbury Theological Seminary, 2019.

- Mattera, Joseph. "A Kingdom Manifesto: Understanding the Church's Role to Disciple Nations ando Transform Culture." D. Min. diss., Bakke Graduate University, 2006.

- Setepnson, Christopher. "Pentecostal Theology According to the Thologians: An Introduction to the Theological Methods of Pentecostal Systematic Theologians." Ph.D. diss., Marquette University, 2009.

- Willson, Timothy. "Reclaiming the Kingdom of God Metaphor for the Twenty-First-Centry Church." D.Min. diss., George Fox University, 2014.

- Yagel, Gary. "Discipling Men's Hearts Through Kingdom Theology." D.Min. diss., Reformed Theological Seminary, 2012.